时代出版传媒股份有限公司
安徽文艺出版社

家庭教育百宝箱

崔跃松，全国社会科学普及专家，全国家庭教育"百名公益人物"，长三角家庭教育专家智库成员。现供职于安徽省社会科学院。担任安徽省家庭教育研究会副会长、中国伦理学会理事、全国思想政治工作科学专业委员会委员。

多年来，潜心研究学校、社会、家庭教育工作。2004年朝核"六方会谈"前专程为钓鱼台国宾馆干部职工做综合素质培训；担任2008年北京奥运火炬手和2010年上海世博会形象大使专业指导老师。曾在中央国家机关、有关部委、新华社、中央电视台、光明日报社、国家博物馆等单位，全国300多个城市的机关、部队、企事业单位、大中小学校等做过近3000场专题讲座。

著有《别让借口占上风》《青少年不可不知的100种成长烦恼》等系列图书。

JIATING JIAOYU BAIBAOXIANG

家庭教育百宝箱

崔跃松◎著

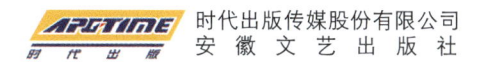

时代出版传媒股份有限公司
安徽文艺出版社

图书在版编目（CIP）数据

家庭教育百宝箱/崔跃松著.--合肥：安徽文艺出版社,2021.7
ISBN 978-7-5396-7177-2

Ⅰ.①家… Ⅱ.①崔… Ⅲ.①青少年教育－家庭教育 Ⅳ.①G782

中国版本图书馆 CIP 数据核字(2021)第 045271 号

出 版 人：段晓静
责任编辑：刘姗姗　　周　丽　　　装帧设计：褚　琦
....
出版发行：时代出版传媒股份有限公司　www.press-mart.com
　　　　　安徽文艺出版社　　www.awpub.com
地　　址：合肥市翡翠路 1118 号　　邮政编码：230071
营 销 部：(0551)63533889
印　　制：合肥创新印务有限公司　(0551)64456946
....
开本：710×1010　1/16　印张：16.75　字数：250 千字
版次：2021 年 7 月第 1 版
印次：2021 年 7 月第 1 次印刷
定价：49.80 元
....
（如发现印装质量问题，影响阅读，请与出版社联系调换）
版权所有，侵权必究

告慰家长
GAOWEI JIAZHANG

我们没有家长证

无数的家长和老师在感慨,现在的孩子是越来越难管了、难教了。

可是天真烂漫的孩子们,也在叫屈:"你折断了我的梦想,却还责怪我不会飞翔。"

已经进入了新的时期,可是无数的家长教育孩子的理念还停留在改革开放的初期,他们还是只要求孩子有分数、有名次,有好学校上,自己就感到有面子,有成就。面对孩子出现的各类各样新问题,却要么视而不见,要么束手无策。总是感叹,现在的孩子"跟我们小的时候比,那是大不一样了"。吃不得一点苦,受不得一点的委屈,这么好的条件就是不像样子干,不是不听话,就是太贪玩,不该干的事情他干,该做的事他却没兴致。

殊不知自己小的时候吃的是什么,穿的是什么,玩的是什么。自己成长的那个年代有手机,有网络,甚至有电脑有电视吗?

家长煞费苦心,不辞辛苦,付出了极大的代价。然而结果并不令人满意,甚至事与愿违。在我们的耳边经常会有不愿意听到的消息:"孩子上网就下不来""××学生被迫退学""××孩子离家出走了"……

好不容易把孩子拉扯大了,结果又"更年期"撞上"青春期",原本和睦的家庭阴云密布,教育孩子困难重重。很多家长跟我说:"我是出门欢喜进门愁啊!"

面对纷繁复杂的家庭教育问题,很多家长无奈、无助、无所适从。怎么办?无数的家长找到我,期待我能帮助他们走出困境,给他们出谋划策,有的家长甚至到了不帮助解决问题生活就绝望了的境地。

可是我不是圣人,也不是包医百病的名医,我只能和大家一道去找寻教育孩子的秘方。

事实上,应该承认,在我们的社会是没有家庭教育方面的专家的,谁敢说"我就是专家"?没有的!因为没有任何一个人可以用同一种方法教育所有的孩子,相反,我们需要找寻多种方法来教育好自己家的孩子。

比如,孩子上网不归家,怎么劝说、怎么教育都无效,父母实在找不到好的办法,就去请教一个专治网瘾的专家,专家告诉她:"你做妈妈的就天天在网吧门口等,看到儿子出来了就递上水、端上饭,然后再默默地坐在外面等,直到孩子惭愧了自觉自愿地回家。"我要说这是一个很好的方法,可能在某些孩子身上这种方法确实非常见效,但不要迷信这种方法,因为这种方法不一定会适合所有的孩子,不见得对所有的孩子都有效果。

这就要家长们在教育孩子的过程中自己去悟、去寻找、去拜师、去思考。

我们输不起,因为对大多数家庭来说,只有一两个孩子。如果这个孩子成功了,就是一半甚至百分百的成功;如果这个孩子失败了,就是一半或者百分之百的失败——

不想输,只想赢,怎么办?

盛传民间的"三代""四代"论,不能不让我们思考是不是家庭教育出了问题。家庭教育中存在的种种误区,不能不引起社会的广泛关注。当然越来越多的家长也有所醒悟,并努力改变现状,寻求正确的家教途径。我们认为,要想改变家庭教育的现状,关键在于提高家长的素质。

可是家长们,有几个是专门参加过家庭教育学习的? 我们有家长证吗?

家长要首先受教育

许多家长错误地认为,家庭教育可以无师自通。"谁不会生孩子、养孩子、教育孩子? 生、养、教都是自发的。"还有些家长延续了父辈育儿的观点:"我爸和我妈也没学什么,不是照样把我们培养得很好吗?"其实,教育孩子是一门很深的学问,不是无师自通或道听途说就可以做好的。家长应该学习一些心理学、教育学方面的知识,树立正确的教育观念,掌握科学的教育方法。我曾在一次家教会上问在场的280多名家长,谁看过有关儿童心理学、教育学的书,结果只有几位家长举起了手。一项《中国独生子女人格发展与教育调查》显示:69.5%的父母没学过儿童生理发展方面的知识,79.2%的父母没学过儿童心理发展方面的知识,52.5%的父母没学过儿童教育方面的知识。这种现状与我们家长对孩子的高期望是不相适应的。

教育孩子"先做人"

几乎每一个家长都明白,要教育好孩子,必须先教孩子做人、成人。但是在现实中又往往会有很大的偏差,许多孩子走了弯路,甚至进入了岔道不可救药。其根本原因是家长没有育人的理念,更找不到育人的方法。

做人不是目标是否远大,成就有多大,而是凡事心中是否有他人,是以自己为中心还是以他人为中心。我的女儿在成长的过程中,就给了我很多的思考和启示。比如,孩子从小到大晚上回家是不会狠劲关门的,因为这样会影响家人和邻居的休息;和老人一道出门,她会主动和老人一道,搀扶老人;在和家长发生不一致意见时,会考虑不影响长辈情绪而暂时保持冷静。她在学习上失误我们从不责备,但在做人上出现一点点小问题,却决不含糊,管教极严。我们不但对子女做人教育严格要求,而且大都以身作则,身教胜于言教。

很多年前到一个地方去讲课,接我的驾驶员告诉我,他儿子今年考上某重点大学了,上学一个月,他收到了一个包裹单,当时他很高兴,以为是儿子上大学了懂事了,有出息了,给他买了什么好东西寄回来。可是怎么也没想到,当他到邮局办好领取包裹的手续后,心里凉了半截——是一包等着洗好了再寄回去的衣服!

家长自己难道就没有责任吗?

"唉!"我也只能叹气。

有不放手的家长,就会有断不了奶的孩子。

与孩子交朋友

父母与子女的血缘关系决定了家长是孩子最亲近的人,但并不说明父母就一定是孩子最贴心、最密切的人。要想与孩子保持"亲密"的关系,父母就要与孩子交朋友,就要放下家长的架子,与孩子平等相处,要求孩子做到的首先自己要做到,就要将孩子作为独立的个体,尊重孩子,包括尊重他的情感、他的意愿、他的选择以及他的隐私。只有这样,孩子才会喜欢你、信任你,把你当作知心朋友,和你交流思想。而你的话孩子才能听得进去,并与你产生共鸣。也只有这样,你才能了解孩子的内心世界,从而真正了解自己的孩子,并有效地实施家庭教育。

有崭新的育人理念

把家庭教育片面理解为知识教育,认为只要孩子学习好,其他都是次要的;认为只有进重点中学、上重点大学,才能成材。因此,孩子的学习成为许多家庭的头等大事,"分数"成为家长与孩子嘴边提到的最频繁的字眼,甚至孩子"考多少分"成为许多家庭气氛好坏的晴雨表。

现在很多家长为一句话而苦恼——不要输在起跑线上。其实这句话只是商家的一个噱头,误导了很多的家长,现实中有些大器晚成的人恰恰是后来居上。"我的孩子在很小的时候就认识很多字,会 100 以内的加减……"其实这些都并不值得骄傲,人生是长跑,跑到最后才能笑到最后。殊不知幼儿在幼儿园不能专注于学习知识,而要想法设法培养他们的良好习惯,尽可能地培养他们多方面的兴趣,这是最为关键的理念。很可惜很多家长偏离了方向还沾沾自喜。

由于孩子一门心思学习,在家什么事都不干,因而缺少基本的生存能力。许多孩子到了高中还不会叠被子,不会削苹果,女生六年级了,不会梳头。甚至有的孩子上了大学,因许多生活方面的事情不能自理,而提出退学回家。还有的大学生不懂得体贴父母,认为父母为他们的付出都是理所当然的,甚至连打个电话回家都不愿意,给父母打电话就是要钱。

家庭是孩子学习的第一所学校,父母是孩子的第一任老师。家庭教育对孩子的教育和影响是学校教育和社会教育无法替代的。

在孩子面前,没有一个家长会认为自己不会教育孩子,也没有一个家长能承认自己在教育孩子的行为上存在问题。甚至有家长会说:"当年我小的时候,我的父母也没有多少知识,也没有什么好的方法,我们不是成长得很好吗?"

实际上对大多数家长来说,都有着四大误区:家庭教养方式不当;重智轻德,重分轻能;重视身体,忽视心理;缺乏民主的家长制教育。

有问题的永远都是孩子。

"我是家长,我是大人,我是教育人的人,我能有什么问题?"也许,在这没有问题的背后,正堆积着太多的问题……

为了每个孩子的身心能健康地发展,为了每一个花朵都能美丽地绽放,为了每一个家庭都能看到甜美的微笑,为了给每一个没有证、没有照的家长找寻可供参考提供帮助的有效方法……

我们就搬来这个"百宝箱"吧!

目录 | 家庭教育百宝箱
JIATING JIAOYU BAIBAOXIANG

·告慰家长·
我们没有家长证 / 001

·我们到底要培养什么样的孩子?·
孩子成长过程中,家庭教育要树立的最重要的理念是什么? / 005
家庭教育中,我们的观念要不要转变? / 008
成长中的孩子应该有什么样的目标? / 011
为什么说家长要多给孩子竖"大拇指"? / 013
家长怎样与老师合作,共同教育孩子? / 016
为什么说没有"笨孩子"? / 018
培养孩子生活自理,对学习有什么好处? / 021
孩子上幼儿园,家长应该怎样做? / 024
孩子有"心事",为什么不愿告诉家长? / 028
孩子到底要不要上辅导班、特长班? / 031
教育孩子,要不要"动武"? / 033
孩子生日到底应该怎么过? / 037

教育孩子我们有好方法吗?

家长与子女如何有效地进行沟通?／044
我们常见的哪些家教方法是不当的?／047
教育孩子,观点上发生冲突怎么办?／051
为什么孩子怎么做都不能令家长满意?／053
如何把握教育孩子的合理尺度?／055
孩子犯了错误,怎样惩罚才算合理?／057
怎样教育太任性的孩子?／059
孩子不开心,做父母的该如何引导?／062
怎样做一名称职的父亲?／064
如何让孩子对父母有话就说?／066
如何提高家长教育孩子的能力?／069
小小年纪就和父母"敌对"怎么办?／072
孩子不听话,有没有训斥的最佳方案?／075

孩子啊,你为什么管不住自己?

孩子非智力因素培养,真的很重要吗?／081
孩子如何克服自卑心理?／083
孩子没有自信心怎么办?／085
孩子"羞涩、懦弱和胆怯",是性格上有问题吗?／087
孩子任性、蛮横难管,我该怎么办?／089
孩子爱吹嘘,怎么办?／093
如何改变孩子的依赖性?／096
如何发现和培养孩子的兴趣?／098
怎样培养孩子良好的情感?／100

怎样培养孩子良好的性格？/ 102
怎样培养孩子健全的人格？/ 104
怎样培养孩子的抗挫折能力？/ 106
怎样培养孩子的意志力？/ 108

· 为了孩子，我们该怎么办？·

家长如何对孩子说"不"？/ 116
工作忙,没时间教育孩子,怎么办？/ 118
如何帮助女儿走出情绪的低谷？/ 120
怎样帮助孩子找到快乐？/ 122
孩子爱顶嘴怎么办？/ 124
孩子感到孤独怎么办？/ 126
父母离异对孩子有影响吗？/ 128
单亲母亲如何担起育儿重任？/ 131
隔代教育有哪些优势和劣势？/ 133

· 优秀的孩子，总有好习惯 ·

怎样帮助孩子成为受欢迎的人？/ 141
小学阶段培养什么习惯最重要？/ 143
怎样培养孩子的自主意识和能力？/ 144
怎样培养孩子节俭的品质？/ 146
孩子出现逆反心理,怎么办？/ 148
怎样引导孩子安全上网？/ 151
孩子迷恋游戏,怎么办？/ 153
孩子吃零食,应该注意些什么？/ 155

孩子得了厌食症,怎么办?/157
儿子总是丢三落四,怎么办?/160

·"我要学",不是"要我学"·

孩子学习需要自主权吗?/166
孩子怎样养成良好的学习习惯?/168
孩子爱不爱学习与家长有关系吗?/170
怎样帮助孩子爱上学习?/173
怎样让孩子对学习产生兴趣?/175
成就感对孩子的学习会有怎样的影响?/177
毅力在孩子学习中有什么作用?/179
如何养成孩子的阅读习惯?/181
怎样引导孩子进行正确阅读?/183
家有"差生",怎么办?/185
家长面对孩子的厌学情绪时能做些什么?/188
孩子课余爱好大于学习兴趣,这该如何对待?/191

·孩子需要我们的理解·

一遇上考试,孩子就焦虑,咋办?/202
怎样缓解孩子的心理压力?/206
心理有问题会不会影响孩子"长个子"?/209
怎样帮助孩子克服害羞的毛病?/211
孩子常常感到羞怯,怎么办?/213
孩子为何怕见生人?/215
孩子嫉妒心强,怎么办?/218

孩子落榜,家长该如何调节其情绪?/222
培养孩子健康心理,家长要注意什么?/224
怎样让孩子心理健康成长?/226

· 青春期偏偏撞上更年期 ·

青春期孩子有哪些教育方法?/232
对青春期孩子的教育应该注意什么?/234
孩子大了,为什么更难管教了?/236
对孩子要怎样进行性教育?/238
如何与孩子谈论性问题?/241
怎样对待青春期男孩常见的攻击行为?/245
青春期的女孩为何多愁善感?/247
青春期的孩子怎样与父母交流?/249
家长如何应对"早恋"?/252
家长应该为孩子树立什么样的榜样?/254

/ 我们到底要培养什么样的孩子？/

人生就像汪洋大海上的一艘船，没有方向，只能叫漂泊；有了方向，才叫航行！

家庭教育没有专家,也没有一成不变的方法。

　　哪个专家敢拍着胸脯对家长说"按照我的方法就能教育好你的孩子"?

　　没有,真的没有!"狼爸""虎爸"有成功的经验,同样也有失败的教训。

　　这就像社会生活中的万能钥匙,在特定的条件下可以打开几把锁,但不可能让你打开所有的门。一把钥匙开一把锁,家庭教育不可能用一种方法教育所有的孩子,对别人有用的方法不一定对你的孩子管用。我们每一位家长要用100种方法来教育好一个孩子。

　　教育好孩子家长必须要做的、最重要的就是转变我们的观念,明白我们到底要培养什么样的孩子。观念不转变,就不会有方法。所以我说,家庭教育中,转变观念比寻找方法更重要。

　　那么,什么是观念呢?

　　观念是人们对事物的认识,是对新生事物的感知。

　　"给你六根火柴,请你拼出四个三角形",这就是检验一个人观念是否需要更新的最基本的题型。如果你在一分钟之内做出了这道题,说明你的观念是新的;如果说你在六分钟内没能做出这道题,你不是智商有问题,而是你需要更新自己的观念了。因为你只知道在平面上考虑问题。

给你一个萝卜,你是先吃大头还是小头呢? 还有,给你一个玉米棒,你是先从哪头下口,还是胡乱地啃呢?

我们在日常生活中,经常看到一些奇怪的现象,但是见怪不怪,比如喝酒。酒桌上往往浪费惊人,十分昂贵的酒常常被泼洒一桌,甚至还有整杯的酒被留在桌上,就不屑一顾地扬长而去。可是吃麻油呢,瓶嘴子上面沾一点点还要舔一舔。南方人到商店买布精打细算,左挑右拣,北方人走进布店往往是只看上一眼就直呼"来上八尺"。这就是我们的观念所致。

还有,最典型的当属"大妈吃苹果"了。说的是给大妈一箱苹果,她舍不得吃,三五天之后她才吃,因为再不吃苹果就烂掉了。于是打开箱子,一箱子的苹果呀,吃哪个呢? 没想到这还挺有学问的。大妈在箱子里拨拉来拨拉去地找苹果吃。首选的当然是那个最烂的。不舍得一下子把苹果吃完,几天后再来找苹果吃,又是找出最烂的,削掉烂的吃一点点好的。一箱子苹果吃完了,你问大妈:"苹果怎么样?"她说:"好着呢。""到底怎么样?"她说:"我也不知道,因为吃的全是烂的。"这些都是人的观念的问题。

这些观念与家庭教育有关系吗? 有! 如果一个人的思维定式了,长期不加更新和创造,势必会在教育孩子的问题上出现偏差和失误。

比如,孩子择校。为了孩子上所谓的好学校,买学区房,或者到学校附近租房子打游击。其实，哪有所谓的名校啊？哪所学校敢说自己是名校？只有名师。哪个学校都有好老师，同样也会有不够优秀的教师。

以前咱们求学时，上大学肯定要上好大学，至于上什么专业不是很重要，因为那个年代，社会急需人才，只要是大学生，毕业后就能分到好工作。今天就不同了，上大学一定要选一个好专业，因为只有好专业才能找到好工作。那么什么专业好呢？应该说就是孩子喜欢的专业最好。因为若干年后他所从事的是自己喜欢的专业，他干得轻松愉快，就不会感到累，就不会抱怨，而且很容易干出成效。所以孩子上大学时就应该找对专业，一定要上一个本专业在国内这个领域比较强的，将来他的选择面也会更广一些。

但是现实生活中依然有不少家长仍然没有转过这个弯。

现在家长很累，周末带着孩子赶场子，不是辅导班，就是兴趣班。其实大可不必，孩子静下心来读几本书，书可是液体面包，将来用处可大啦。以前，培养孩子要考个好学校，将来能上个好大学，今天培养孩子是要为将来的职业做准备，就像我们吃饭，以前是为了能吃饱，现在呢是为了能吃好，吃得有质量、有品位。今天孩子上学是为了明天有一份舒心的工作和幸福的生活。今天的孩子们所处的时代，已经不能和我辈相比，我们不能落伍啦！

孩子成长过程中，家庭教育要树立的最重要的理念是什么？

一个人的成长，从小到大，要经历很多人和事，家庭教育最重要的理念应该是教孩子做人成人。做什么样的人呢？

我们来做一个测试题：在茫茫的大海上，有一艘救生艇，上面坐了5个人，这5个人分别是65岁的老人、3岁的孩子、孩子的母亲、青年、少年。

现在救生艇遇到紧急情况，需要放弃一个人，否则其他4个人都无法到达最近的岛屿。让谁下？放弃谁呢？

我们找了32名大学生，让他们讨论发表意见。

"能不能不下呢？"这是大学生们的共同想法。必须要下一个，真不忍心做出选择。没办法，他们还是做了最后的选择：举手表决，得票最高的达50%，是65岁的老人。为什么？一名大学生说："我也不想要他下，但是必须下去一个，我只能这样选择。"问他为什么，他说："因为他年龄大，人生都过得差不多了，活着也没啥意思了。"

我们叫大学生等一等，告诉他们这救生艇上5个人的基本情况，请大家做出第二次选择。5个人分别是：65岁的老人是救生艇负责开船的水手，3岁的孩子是智障儿童，孩子的母亲是艾滋病患者，青年是正在被追捕的逃犯，少年是只有一条腿的残疾人。

大学生说:"怎么可能一个小小的救生艇有这样形形色色的人?"

我们要想到地球随时有风浪发生,地球上的人50种、50万种都会有的,现在要思考必须得有一个人下去,让谁下呢?

智障儿童也有同等的生命权利,逃犯在一定程度上可能会是最有力的帮手,残疾人也有同等的生命权。似乎谁都不能下,又仿佛谁都应该下,没有办法,只有再次举手表决。结果是,同意让65岁的老人下艇的人最少。为什么会有这样大的变化呢?很简单,老人虽然年龄大了,但是他的角色决定了作用,他的身份注定了他是最重要的人。他有用,他能给别人带来生命、带来希望,这样的人才是最受欢迎的人。这就是一个人的价值观。我们做家长的要教育孩子从小就要明白在世间做一个有用的人,做一个受欢迎的人。

做一个有用的人,家长要不失时机地告诉孩子,成为一个有用的人要坚守三个词:自由、尊严、名声。一个被判16年有期徒刑的犯人曾经跟我说:"在监狱的日日夜夜里,做梦都想着两个词:自由和尊严。"明白"从小偷针,长大偷金"这个道理,教育孩子不要贪小便宜、小偷小摸,以免将来酿成恶果;不要打架斗殴,更不要小孩子之间因闹了不愉快而寻求外边的势力以报复、行凶。人间没有后悔药,自小不教育好孩子,长大后家长就会被无助、无奈、无法控制了。

家长们知道人生下来时我们的手是什么形态吗?

——紧攥着的!

为什么会是这样?我们可以理解为:需要空气,需要食物,需要汽车和高楼大厦……我们需要整个世界。

可是再想一想,在我们离开这个世界的时候,我们的手又会是什么样子的呢?——我们常说撒手人寰或撒手西去。张开的大手里没有一粒米,没有一分钱,连一丝云朵都没有!

如此这般,那人来到世间不是白白地走了一遭?

不是!

尽管我们匆匆走过,但还是留下了一个字:名。

"名"这个字是"夕阳"的"夕"下面放个"口"字,我把它理解成:一个人在"夕阳西下"后的"口碑",那么它的意思一定是一个人的"名声"。

我们必须告诫孩子,人生没有彩排,每天都在现场直播。生活中的点点滴滴、一言一行都是在给自己加分,为自己的名声添彩。不要忽视了良好行为习惯的培养,随地吐痰、说脏话,将来没能干出像样的事情都是在给自己脸上抹黑。如果一个人品德高尚、胸怀宽广,又能拥有了不起的本领,那他就会拥有好的名声。

家庭教育中，我们的观念要不要转变？

1. 人才观念。

什么样的人是人才？简单地说，人才是有本领的人、有特长的人、能解决问题的人和有某个方面技术专长的人。

严格地说，一个成功的人知识只占20%，人际关系占40%，还有40%需要我们的观察力来帮助。这就是我们经常说的情商很重要。未来社会将有五种人会被淘汰：知识老化的人、技能单一的人、情商低下的人、单打独斗的人和表达欠佳的人。我不去一一点评，但就表达欠佳的人来说，在我们的社会生活中，拥有三"头"的人都是"人才"。我们每个人都应该有"笔头"，要计划，要总结，要拿方案，要发文章，拿不起笔还真的不行。口头表达就更为现实，工作和生活中几乎每个人都离不开语言表达。和人交流沟通，向领导汇报工作，组织协调事务，参加各种面试、演讲活动，哪一样能少得了"口头"？拥有这两"头"的人，一般来说都是"领头"，不具备前两"头"的领导也不可能成为"领袖"。所以家长在培养孩子的问题上，首先必须弄清楚，应该怎样把孩子培养成一个有才的人。

2. 育人观念。

在德国，小孩一般3岁可上幼儿园，为期3年。这3年中，他们会参观警察局,学习如何报警;参观消防警察局,学习灭火和躲避火灾;参观市政府,认识市长,看他如何为市民服务;去坐有轨电车,记住回家的路线;跟老师去超市买东西,学习付钱和选货……3年后,他们具备初步的生存能力。家长要始终把将孩子培养成人作为目标,教孩子如何做人是第一位的,品德教育比什么都重要,否则孩子长大后就是本领再大,也是一个无用的人,一个没有责任心的人,一个缺少爱的人,甚至会是一个朝着相反方向发展的人。一个人在社会上一般可以分成四个层面:人物、人才、人手、人渣。我们无论如何不能让孩子成为第四个层面的人。

3. 分数观念。

现代社会由于高考指挥棒的原因,家长盲目跟风,只盯着考试的分数,导致很多家长"唯分数论",只要能考高分,就"一俊遮百丑"。其实这是一个很陈旧的观念。家长们试想一下,现在的高考和20世纪七八十年代一样吗?不一样了,都是不分配工作的,现在高校招生已经突破80%了,有的地方更高,甚至逼近100%了,应该讲上大学已不是什么问题。也许有家长要说,重点大学还是难考,考上了还是不一样的。是的,应该承认,不是所有的孩子都可以上重点大学,毕业了都一样能找到工作。问题是如果家长在孩子很小的时候,就一味地把分数放在唯一重要位置,孩子将来的能力怎么培养?什么时候培养?历史和实践已经证明,中国恢复高考后的几十年里,年年都诞生了很多状元,但是至今并没有多少高考状元成了某个领域里的精英。这些高考状元,这些高分数者本应该在起点、就学环境,甚至智商等很多方面都高人一等,他们本应该发展得更好,但是很可惜,往往事与愿违。究其原因,主要还是没能很好地培养能力，知识面不宽，在中小学期间，人生黄金的学习时期，没有读更多的课外书，没有参加更多的社会实践活动，没有在富有创新精神的教育中受到创造性教育。他们本来应该学的东西因为不考试，所以就放弃了。虽然是没有用的东西，因为要考高分又拼命地大干，把人生的大部分时间都用在了做题目、押题猜题上，跟在别人后面跑。"头悬梁""锥刺股"不是为了自己的兴趣，也不是在追求自己的爱好，而是打"疲劳战"，调动一切力量参加"题海战"，把眼睛弄近视了，身体弄虚弱了，朝气和睿智也没了踪影，这样的孩子长大后很难成为行业的精英。家长时刻要清楚，当下孩子的考试分数确实很重要，但这只是其中的一个方面。将来孩子的人生路更多地要面临更重要的考试：面试需要心理素质，需要智慧，需要技能，参加工作以后他要与人打交道，他要适应不同的环境，要面对挫折，还要能在逆境中成长，这些东西在青少年时期错过了，将来谁还能给他补上这一课？

4. 时代观念。

这一点在以下章节中将会谈到，我不想赘述，但还想补充一点，今天的孩子不同于我们小时候，因为当今是知识爆炸的时代，是互联网时代。我们小时候没有电脑，没有智能手机，没有彩电，甚至没有收音机，书刊也很少，时代在进步，科技在发展，我们家长的观念也要与时俱进。

成长中的孩子应该有什么样的目标?

一个考进××大学的学生,入学没多久就被迫退学了,原因很简单,他的目标实现了。这个孩子很聪慧、很勤奋,从小学到中学,一直遥遥领先,因为在他很小的时候,父母就给他树立了考进××大学的目标,带着这个梦想,他最后实现了目标。但是到校后,他发现理想中的大学也不过如此,生活没有激情,人生已经没有什么意义,于是每天便不思上进,上网聊天,到街上闲逛,无所事事,学业滑坡得很厉害,老师找他谈话,同学也都鄙夷他。原本生活在鲜花和掌声中的他,实在无法面对现实,于是他便选择逃避,最终退学回家。

中国父母爱孩子的程度在全球范围内来讲,应该是名列前茅的。可中国父母对现代教育的理解及对教育科学的认识、教育方法的掌握运用,还尚有差距。

首先我要问,你培养孩子的方向是什么?方向同样决定人生的成败。而家长为孩子指明的方向,更为重要。在孩子成长过程中,家长不能仅仅在心中有一个期望,还要明确培养孩子的目标。有一对夫妇养了一条狗,这天,主人找来一位驯犬师,要求对狗进行训练。驯犬师一脸认真地说:"你还得告诉我,你有一个什么样的目标。"主人说:"驯狗还要有目标?""是的,你要实现什么样的目标,我只有按照你的目标实施，才能完成任务！"主人给出了目标：白天陪孩子玩，晚上看好家门。3个月后，这条狗真的按照主人的要求，白天尽情陪孩子玩耍，晚上天一黑，它便忠于职守地蹲在门前，成了卫士。这件事，使他明白一个道理，连养一条狗都要有一个目标，更何况是人呢？

他就是美国前副总统戈尔。他用同样的思想认真教育着自己的孩子，获得了空前的成功。我们家长要把孩子培养成什么样的人，这是大家必须时时牢记的。俗话说，"三十六行，行行出状元"。家长应根据孩子的品性、优势和不足及时帮孩子指明方向。

这说明了任何人都要有目标，那到底应该确定什么样的目标呢？

我们讲一个人的成功，有一个等式，即**成功＝正确的目标＋勤奋＋顽强＋经得起诱惑**。看来家长帮孩子确定正确的目标非常重要。

1. **目标要远大**。训练动物都要有目标，这话不错。人有思维、有理念、有方向、有智慧，更有远大的理想，所以家长在孩子很小的时候就要多灌输长远的、高尚的、值得更多的人努力的正确目标。

2. **够得着，能够实现**。家长不可好高骛远，在帮助孩子制定目标时，家长只能起引导作用，不能一手包办。家长更不可以把自己当年未能实现的梦想不切实际地强加于孩子，够不着、实现不了的目标只会伤害孩子。

3. **符合孩子自己的意愿**。

在选定目标时，最好与自己的志趣相结合，家长要做的更多的是培养孩子的兴趣，积极引导孩子朝自己的目标前行。

为什么说家长要多给孩子竖"大拇指"?

不是咱中国人喜欢表扬,全世界都是一样的。你不相信,你回家一进门,家里人就说:"怎么到现在才回来?"你试试,很可能有的家里就要发生大战,对不对?但是如果一进门,你家里人讲:"哟,今天恐怕收获不小吧?"你看,你的表情马上就不一样了。对不对?表扬和激励很重要。

邻居俩天没亮就出去打猎,傍晚回来时,一人拎两只兔子。其中一人拎着两只兔子一进门,他的老婆说:"你看看你这一天搞什么?一天就打了两只兔子?"丈夫一下子不积极了,不讲话了,把兔子往旁边一扔,什么也不说便进屋了,第二天又出去打猎,晚上空着手回来,一只没打着。另一人到家把兔子一提,他的老婆说:"哟,不简单啊!你这一天居然打了两只兔子回来。"丈夫高兴不得了,说:"这算什么?"第二天出门拎了四只兔子回家了。为什么?这是中国古代的经典的表扬与激励的案例。

实际上孩子也是这样,这次考试考了 60 分,你说:"不错,这次卷子多难啊,我听你们老师说很难,考及格已经很不容易了。"孩子讲:"这算啥?下次我考 80 给你看看。"如果换成考了 89 分回来了,你说:"哎哟,你看看你这 89,怎么又没考到 90 呢?人家还有考到

100的呢。"这样调过来试试。激励与表扬有很多值得去思考的地方，孩子逆反心理是比较强的。这点我深有体会啊，我孩子高三的时候，我每次一进门，孩子在做作业，你看我怎么做的。我一进门就说："怎么又在看书啊？"实际我不想叫她看书吗？"我玩过了。""什么时候玩的？没看到。""哎哟，你没看到就不算了？"我说："走走，咱们出去玩会。"于是我拉了她就往楼下跑，转了两分钟。"不行，我作业很多，还要回家做作业。"怎么样？如果倒过来，一回来正好看她在看电视，一进门说："怎么又看电视？"孩子讲："我作业早完成了。"你看孩子跟你对着来了。非常简单，孩子在你的行为中就能比较好地得到影响和教育。很多的家长自觉不自觉地就能把一些比较好的方法运用在我们的生活中，要表扬、激励自己的孩子。

在英国亚皮丹博物馆有两幅引人注目的画，一幅是人体骨骼图，一幅是人体血液循环图。谁能想到，这是一个叫麦克劳德的孩子在小学时代留下的杰作？少年时代的麦克劳德特别喜欢生物，并且喜欢做实验。一天他打死一条狗，蹲在校园角落里认真解剖，这件事情被校长知道了。因为被打死的这条狗是校长家的，但校长忍着气找来了麦克劳德。当听麦克劳德说想看看狗的内脏的构造时，校长没有责怪他，却要求他画出两幅图，一个星期内如果画得很好，将功补过；如画得不好，将受到处罚。令校长感动的是，一周之后，麦克劳德果真交来了两幅画。校长看着这两幅画，心花怒放，宽容了麦克劳德。自那以后，麦克劳德更加酷爱生物。20世纪20年代，他和另外一名科学家获得了诺贝尔奖。试想，如果校长不是选取了激励的办法艺术地处理这样一件事，人们在亚皮丹博物馆就再也看不到那两幅画了，世界也许又要少一个成功的科学家。

每个人都有三个手指：大拇指、食指、小拇指。食指多是指责、挑剔；小拇指往往是贬低、瞧不起；对孩子家长需要多竖大拇指，因为是肯定，是赞赏，是激励。

从以上这些事例中，家长一定会明白，做家长的要给孩子多竖大拇指，不失时机地鼓励孩子，恰到好处地给予表扬，这样会产生意想不到的效果。

家长怎样与老师合作，共同教育孩子？

首先需要明白的是，家长和老师是同一战壕的战友，我们的目标是一致的，双方只有心往一处想，共同寻找适合自己孩子的教育方法，才能在教育孩子的问题上保持一致。我之所以这样讲，是因为现实生活中越来越多的家长一方面特注重与老师搞好关系，经常与老师保持联系；另一方面，即使因为一点点的小事情双方也会伤了和气，导致对立。有一个家长就因为不满老师不把自己孩子的座位调到第三排，而对老师产生了意见，经常发牢骚，不愿与老师联系，甚至在老师通知家长到校的时候也托词回避。还有一个家长因为孩子成绩差，老师经常批评自己的孩子，结果家长很害怕孩子的老师，不愿意与老师交流。事实上，越是成绩不好、表现不足的孩子，家长越是需要多与老师联系交流。在这里我想和家长说，无论如何，家长都要与老师保持一致，哪怕是有些观点、方法不一致，也要求大同存小异。

怎样联手合作呢？

相认、相知，常沟通、常研讨。一般情况下，家长和老师一开始都是不熟悉的，互相没有任何关联，所以对大多数家长来讲与老师相认似乎有困难。其实不然，孩子就是最好的桥梁。因为家长可以与任课老师相认,家长一定不要等到孩子有问题了才去找老师,甚至是被老师点名了才去相认。和老师熟悉主要的是能通过老师了解孩子在校的情况,以便及时发现问题、解决问题。一个孩子在家的时间是有限的,即使在家里,大多也是在吃饭和睡觉。而孩子在学校时的各方面情况,老师尤其是班主任是最清楚的。家长也不要只和班主任联系,还要和各个任课老师保持联系,甚至是门卫交朋友,以免了解得不够全面。毕竟一个人所掌握的情况是有限的,和老师联系得多了,交流的时间也会多起来,相互研究和探讨针对自己孩子的教育方法的机会就多起来。

当然,现在学校学额都比较足,一个班有很多学生,老师确实很难与每一个家长相认相识,也未必能及时发现孩子的不良行为,进而及时矫正。

这里有一点需要给家长指出:就是不要在孩子面前讲学校和老师的不好。学校和老师会有不足,家长要通过正确的途径加以解决,千万不要在孩子面前说三道四,更不要在网络上说学校和老师的不是。因为一旦老师或学校的威信在孩子心中有所动摇,对教育孩子来讲就是个不小的问题。培养孩子有主见、有个性,可以让孩子对老师、对学校质疑,但这是讲究方式方法的,是要选择时机的,否则是要付出代价的。

为什么说没有"笨孩子"?

一位一年级老师告诉我,他们班有三四个孩子学习成绩特别差,反应也很慢,谁也教不好。

我说:"差到什么程度?"

"哎呀,胆怯,不敢跟人打交道,不敢与人交流,哆哆嗦嗦,课堂上从来不发言,考试成绩很差,真拿他们没办法。"

找机会我来到了这所学校,见到了这几个所谓的"笨孩子",我想看看他们有没有发展的潜能。

来到教室,我告诉全班同学:"崔老师要选三个同学上台做个小游戏。"

孩子们呼啦啦地举起手:"老师,我来,我来,选我。"

我说:"都可以。但是呢,有三个条件:第一,崔老师最喜欢的;第二,最聪明的;第三,将来长大最有前途的、有出息的。要具备这三个条件才能上台。"

全班同学纷纷嚷道:"我!""我!""你最喜欢我!""我最有出息!""我最聪明!"一个个抢着上……

我说:"崔老师最知道,我点到谁,大家就热烈鼓掌。"

我点"张小毛",全班同学一看,哎哟,怎么是他?班上同学根本就瞧不起他。

我说:"鼓掌啊。"大家稀稀拉拉地鼓起掌。

第二个是李小林。大家一看,又是一个不起眼的小不点。接着我又点了第三个同学。

同学们好扫兴哦,崔老师怎么喜欢这三个在班上大家认为"最笨的"同学呢?

游戏开始了,我在黑板上画了三个圆圈,叫这三个同学用最短的时间,在圆圈上添加几笔,使它变成一幅画或者是一个物体。

全班同学喊:"加油、加油、加油。"

第一个孩子在圆圈的周围画杠杠,那是太阳光芒,十二秒的时间完成了。第二个孩子在圆圈上画眼睛、眉毛、鼻子、嘴巴、耳朵,很显然是一个小孩头像。他用了五十六秒。引起我们关注的是,他在眼睛下方刻意点了三个点。

第三个孩子最快,他只用了三秒钟,在圆圈上点了几个点点。大家真没想到,速度太快了。

接下来要进行第二个程序,叫这三个孩子说出自己画的是什么,为什么想起来画这幅图。

第一个孩子站起来:"我画的是初升的太阳。"还加了"初升的"。

我问:"你为什么想起来画这个呢?"

他说:"我爸爸和妈妈在农贸市场做生意,他们很早就出门了,让我每天早上上学的时候看太阳,只要是太阳出来,我就上学。所以我想起来画初升的太阳。"你看,他的观察能力有多强。

我问第二个孩子画的是什么,他哆哆嗦嗦地不敢讲。后来他鼓足勇气说:"我画的是我姐姐。"

"你姐姐？那眼睛下面这三个点是什么？"

"这是我姐姐的眼泪。"每次考完试他姐姐回来就挨爸爸打,所以孩子印象最深的是眼泪挂在眼角。看得出这个孩子不仅会观察,还有很深的思考。

第三个孩子画的是什么？三秒钟就完成了。那么他画的是什么？

"我画的是烧饼。"

"烧饼？那上面的点点是什么？"

"那是芝麻。"

同学们问:"芝麻怎么就几粒？太少了！"

孩子对着全班同学说:"就是这么少,我每天早上去买烧饼,就是这么几粒芝麻。"孩子的表述一点不结巴,反应也非常快。

这个游戏说明了什么？为什么在老师眼里,甚至在家长眼里也是"笨孩子"的学生会这么聪慧？原因是在我们制定的标准中没有对孩子能力的测试。我们要相信自己的孩子,他们都很聪明,根本没有"笨孩子"。

孩子只要智力正常、思维正常,老师、家长就不要把孩子说成是"笨孩子"。

培养孩子生活自理，对学习有什么好处？

中国人民大学附小六年级的一个学生家长在人大的外语系当教授，她曾在英国待了6年。那天我讲完家长课以后，她对我说："崔老师，我现在感到很累，你讲的这个话题对我触动最大。我爱人在部队，基本上是一个星期甚至是两个星期才能见一次，孩子的教育基本上全落在我的身上，我怎么办呢？我如何面对啊？"

她说："你讲的是对的，不能辅导孩子，但是我的孩子，现在我已经辅导上路了。"

她说："孩子的应用题别看是小学题目，我有的时候都做不好。我为了能够辅导孩子，他上第一单元，我就已经学了第二单元；他上第二单元，我已经学了第三单元。我全是超前学习啊，你说我累不累啊？我要上班，要给他安排吃的、穿的，没想到还要为他学习，不提前学一遍就辅导不了。"

为什么要辅导呢？辅导到什么时候才算完？孩子上初中、高中，物理、化学、几何，你怎么去辅导？你能辅导得了吗？没有必要，要教会他自己学习，没有办法，你的办法就是把"要他学"变成"他要学"，要不然真的没办法。

家长们现在一定明白了，孩子依赖性强，一般性的小家务活都不会做,学习上就会产生依赖,孩子若生活上不能自理,将来就难以自立。

现在的孩子普遍有一个问题,自理能力比较弱。他们是上通天文、下通地理,但是就是不知道大蒜和葱是哪样,什么都分不清。我们的孩子自理能力比较弱,一遇到问题就束手无策。这不能不说也是我们家长造成的。我们担当的不是引路人,而是保姆。

有一位爸爸对孩子说:"你要使尽一切力量搬起这块石头。"孩子在水里面捞一块石头,怎么搬也搬不动,累得满头大汗,说:"爸爸,我实在没办法了。"

爸爸说:"你要用尽你所有的力量。"

孩子说:"我已经用完了所有的力量。"

爸爸说:"你还有一样没用啊。"

"什么?"

"我在你旁边站到现在,你没有找我帮忙,这不是还有最后一种力量没使上吗?"

很多事情真的是这样。现在中国由于独生子女家庭居多,给我们家庭教育带来很多值得思考的话题。但是我们怎么去做?

一个日本的老师和我们进行了交流,说日本有钱人家经常把孩子送到孤岛上,干什么?"鲁滨孙夏令营",让他们到孤岛上过一个星期,不给吃的,不给穿的。孩子来到孤岛上,他们为了生活,他们要接雨水喝,要找野果子吃,要适应这样艰苦的环境。日本的这位老师讲,这样的孩子培养起来,将来他要开一个企业,有什么火焰山他过不去啊?

但是我们不是这样,我们无数的家长对孩子包办代替,有很多孩子没办法去面对明天越来越激烈的竞争。

我们在人大附小曾经组织了一次秋令营。九十月份,让孩子们带背包到学校,星期五晚上到学校,在学校睡两个晚上过集体生活,星期天下午回家,家长来接。但是星期五晚上天黑了,下着毛毛雨。一对夫妇来了:"崔老师,让我把我的孩子带回家吧。"

我问:"为什么。""我孩子前两天生病了,在家里打了三天吊针,今天刚好,可不可以带回家?"我没有很快答应,可家长执意要带孩子回家。

我就说:"你最好还是征求一下孩子的意见。"

孩子什么意见呢?他说:"妈妈,我不回家,我就要在学校跟同学们一起住。"

我说:"这位家长,干脆这样吧,孩子想在这,就让他在这里吧!"

妈妈一下子脸色变了:"我也不明白,你们老师为什么要让孩子在这住。"说完,把雨伞往她老公手里一塞,"这样吧,孩子我带回家,你晚上在这睡吧。"

哎呀,你叫孩子爸爸在学校睡一觉,我们能得到什么教育目的?我们又能得到什么样的一种结果?

这样的孩子,在学习上遇到的困难就比其他人多得多。看来实际责任还是在于我们家长。不把孩子的自理能力培养好,孩子学习的自觉性就很难达到预想的目标。每一位家长在希望自己孩子学习好的同时,一定要注意培养孩子的自理能力。

孩子上幼儿园,家长应该怎样做?

家长要明白一个道理:在幼儿园不是为了学到知识,也不是为了解决拼音、汉字、数学,甚至是英语等方面的问题。

孩子上幼儿园就是玩的,如果孩子在幼儿园都不能玩,那实在是件可悲的事情。要让孩子在玩中接受教育,在玩中开发智力,在玩中养成好习惯,在玩中培养各方面的兴趣。

这里我引用《美国幼儿园给家长的备忘录》来和家长们交流,大家一定会有所感悟。

1. 别溺爱我。

我很清楚地知道,我不应该得到每一样我所要求的东西,我哭闹不休其实只是在试探你。

孩子到了上幼儿园的年龄,对于自己提出的要求是否合理,大多数时候心里是有数的,有时无理取闹是为了试探父母的底线。父母如果妥协,孩子就会得寸进尺。

2. 别害怕对我保持公正的态度,这样反倒让我有安全感。

父母对孩子和对其他人一样态度公正,孩子知道自己做了好事会得到表扬,犯了错要受批评,规矩立在那里,知道什么可为、什么不可为,这样心里就会有安全感。

3.别让我养成坏习惯,在年幼的此刻,我得依靠你来培养好习惯。

习惯决定性格,性格决定命运。孩子的好习惯要靠父母从小培养。

4.别让我觉得自己比实际的我还渺小,这只会让我假装出一副和我实际年龄不符的傻样。

别小看了孩子,孩子没有被世俗污染的心灵,有着大人难以企及的纯真和智慧。

5.可能的话,尽量不要在人前纠正我的错误,我会感到很没面子,进而和你作对。你私下提醒,效果会更好。

小孩也有自尊心,"当面教子,背后说妻"并不全对,教子也要顾及孩子的脸面。

6.别让我觉得犯了错就是犯了罪,那会削弱我对人生的希望。

大人也在不断犯错,我们很容易就原谅了自己。如果孩子犯错,也应该做到原谅孩子,让孩子在错误中学习,在错误中成长。

7.当我说"我恨你"的时候别往心里去。我恨的绝对不是你,我恨的是你加在我身上的那些压力。

气头上的话不要当真,关键是不要让事情发展到让孩子口不择言的程度。

8.别过度保护我,怕我无法接受某些"后果"。很多时候,我需要在痛苦的经历中学习。

被过度保护的孩子是长不大的孩子,一辈子难有自己的主张。让孩子逐渐独立,才是父母的职责所在。

9.别太在意我的小病痛。有时,我只是想得到你的注意而已。

孩子会用装病来引起父母的注意。出现这种情形,父母要检讨自己是不是对孩子的关注太少了,陪伴孩子的时间太少了。

10. 别对我唠叨不休,否则我会装聋作哑。

想要孩子听话,大人要会说话,唠唠叨叨属于不会说话。

11. 别在匆忙中对我允诺。当你不能信守诺言时,我会难过,也会看轻你以后的许诺。

言而有信,这是让孩子听父母教导的最有效的手段,但大多数父母做不到,所以大多数孩子不听话。

12. 我现在还不能把事情解释得很清楚,虽然有时我看起来挺聪明的。

13. 别太指望我的诚实,我很容易因为害怕而撒谎。

不要把学龄前孩子的谎言看得太严重,要找到他撒谎的原因,解决根本问题。

14. 请别在管教原则上前后不一。这样会让我疑惑,进而失去对你的信任。

孩子的记性好着呢。父母一时兴起,朝令夕改,会在孩子心里埋下不再相信父母的种子。

15. 当我问你问题的时候,请别敷衍我或者拒绝我,否则我将停止发问,或转向他处寻求答案。

这是和孩子建立沟通的起点。如果孩子问的问题自己不懂,你要诚实地告诉孩子你也不知道,你会去查书找到答案,然后再告诉他。

16. 我害怕的时候,不要觉得我很傻很可笑。如果你试着去了解,便会发现我当时有多恐惧。

孩子的恐惧是实实在在的,很多成年人也会害怕一些在别人看来很可笑的东西。要认可孩子的感觉,尽可能削除他的恐惧,并让孩子知道,爸爸、妈妈会保护他。

17. 别对我暗示你永远正确、无懈可击。当我发现你并非如此的时候,对我将是一个多么大的打击。

好父母并不是"完人",而是懂得怎么爱孩子的人。

18. 别认为向我道歉是没有尊严的事。一个诚恳的道歉,会让我和你更接近,更尊重你,感觉更温暖。

肯向孩子道歉的父母,一定能和孩子建立起平等和谐的关系。

19. 别忘记我喜欢亲自尝试,而不是被你告知结果。

放手让孩子去体验吧,只有自己发现真相才能激起孩子探索世界的热情。

20. 别忘了我很快就会长大,对你来说,和我一起成长是很不容易的事,但请你尝试一下吧。

养育孩子的过程是和孩子一起成长的过程,父母不能故步自封,要跟上孩子的脚步,这样才能一直和孩子保持良好的沟通,最终和孩子成为朋友。判断一个幼儿园的好坏,首要的就是,它是不是在让孩子学语数外,如果是,这样的幼儿园在坑人!试想,孩子上小学后干什么?将来厌学谁来埋单?幼儿园就是让孩子养成好习惯,培养良好的兴趣的。什么时候干什么事,就是这个道理。

孩子有"心事",为什么不愿告诉家长?

家长可以做一次调查,孩子有心事的时候,他会告诉谁。一般来说,他选取的对象是他的小伙伴、好朋友,其次才是父母和老师。要做孩子的朋友,走进孩子的心里,每一个家长都应力求做到理解孩子、宽容孩子、平等地对待孩子。

我用一封孩子给我的信来说明这一问题。

崔老师,我是含着热泪给您写这封信的,在您收到这封信的时候,我不知道我会在哪,也不知道我是不是还会在这人世。我是一个很要强很要强的人。在家里我虽是独生子女,但我一点也未享受到独生子女的待遇。在上小学时,我爸爸、妈妈因为工作把我放在爷爷、奶奶家,当时我成绩很好,经常得到爸爸奖励的小东西。可是不知怎么回事,我上初中时虽然与父母在一起,但我的学习成绩却越来越糟糕。上了初二,我竟然几次数学不及格,于是我的爸爸便开始训斥我。初二下学期,他竟然动不动就打我,以至于我害怕考试,一考试就想上厕所。今天上午,看到数学考试成绩,我眼泪就下来了——又是不及格!我真的绝望了。崔老师,我不是不努力呀,为什么老是不及格呢？想想在教室里老师的白眼、同学们的讥讽,我心里是多么难过！中午回家,我多么希望爸爸、妈妈不要再问我一句话,我多么需要爸爸、妈妈的理解和安慰呀！如果他们能安慰我一句话,哪怕只有一句,我都会感激他们一辈子的。可是我想错了,家里来了客人,偏偏客人问我的考试成绩,我担心极了,装作没听见,不敢说话。爸爸一见我不说话,就对着我瞪了一眼:"恐怕又不及格。"我没办法,只能点点头。爸爸见我在客人面前丢了他的脸,上前对我就是一脚:"我早就知道他没有出息。"我强忍着腿被踢的痛,跑进我的小屋,用被子蒙住头,任凭泪水哗哗地流……崔老师,不是说男儿有泪不轻弹吗？可我为什么要流泪呀？我多么委屈,多么难过,多么需要别人的安慰。可是我该怎么办？我不是不想考好,不是不想得到爸妈的笑脸,可是我实在不争气。当时,我想到了死,可是我还有那么多的好朋友,还有少林寺没去过呢。我不想死呀,可是我活着还有什么意思呢？我根本就不敢见我的爸妈了,我有苦对谁说？我有怨谁又能理解呢？我已经初三了呀,崔老师,我只能拿起笔给你写信,你不要把我的信在杂志上发表,看完你就把它烧掉吧,我写完这封信就远走高飞了,我也不知道我应该到哪去。崔老师,你原谅我不告诉你我的地址和姓名,我只想你能告诉我,我爸爸他当过小孩子吗？我信任你,因为你是我的朋友。

这位学生之所以把自己的心里话告诉我,是因为他把我当成了他的朋友。可见,一个家长要真正做一个孩子的朋友是何等重要而又何等不容易啊！

家长要多与孩子做朋友,多从孩子的角度考虑,多理解自己的孩子,这样孩子就会把心里话跟父母讲,父母就掌握了教育孩子的主动权。

孩子到底要不要上辅导班、特长班？

家长们一定遇到一个难题,孩子到底要不要上各种形式的辅导班、兴趣班、特长班？孩子还在上幼儿园,家长就带着孩子报各种兴趣班。相信这样的情况很多家长都遇到过。上了小学的孩子就更是如此,好不容易盼到一个周末,家长带着孩子从这个校跑到那个校,从这个班挪到那个班,家长疲于奔命,孩子苦不堪言。不上吧,真怕自己孩子"输在起跑线上",将来后悔不及；上吧,很多家庭又确实不具备让孩子上这些班的条件,怎么办？很多家长哀叹、叫苦,无奈又无助。

客观点讲,孩子进行早期的兴趣培养和智力开发是很有必要的,甚至是必需的,有条件的家庭应该引起高度重视,并做科学的安排。但是问题是,对于上各种班,孩子是不是真的有兴致,担负培训指导的学校和老师是不是具备了培养兴趣、开发智力的素质和能力。就目前遍布城乡的各类兴趣班、特长班来说,具备这样条件的还真的不多。比如,孩子 2—6 岁是养成良好的行为习惯的重要时期,如果这个时候没能被家长摆上议事日程,将来坏习惯养成了要改正起来就非常难,与其上不合规格的兴趣班,还不如花点精力让孩子养成良好的行为习惯。当然有家长会说,什么样的班合规格,什么样的班不合规格，我们怎么知道？这就要求家长多做调查研究，了解办学资质、了解科任教师的基本情况，有条件的家长还应同孩子一道深入课堂，与孩子一起听课、一起参加活动。家长不能盲目跟风，看人家孩子上了某某班便不假思索也让自己的孩子去上。小学阶段，孩子也要有选择地上各种班。不上也没什么不妥，只要孩子能够快快乐乐地成长就行了。

上兴趣班的目的是培养孩子的兴趣，如果达不到目的，甚至朝相反的方向发展，这样的决定都不可行。记住我讲的话，整个幼儿园阶段、小学阶段，从某种意义上说都不是为了获得多少知识，最为重要的是养成良好的行为习惯，当然包括良好的学习习惯，还有就是不失时机地让孩子拥有浓厚的学习兴趣，掌握一定的学习方法。孩子在幼儿和少年时期就拥有学习兴趣和科学的学习方法，将来不愁成人成才。

上不上各种班，要注重孩子的兴趣，不可跟风。不上也不会对孩子有什么不好。上了就要确保有效，不可贪多，更不可盲目选择和攀比。

教育孩子，要不要"动武"？

我们回想一下，父母是否曾对自己"动武"？在中国，相当一部分家长甚至还信奉"狼爸""虎妈""棍棒底下出孝子"的理念。就是在现代社会独生子女非常普遍的情况下，孩子挨打依然是普遍现象。事实上，历史上和当代被"打"出来的孩子还是不少的。

为什么要对孩子动武呢？

不听话。孩子不能按自己的意愿行事，孩子的行为违背了父母所制定的条条框框，如学习，尤其是那些有个性，甚至任性的孩子。孩子永远是孩子，谁让他是父母所生？既然生下了你，你就得听我的话，"端人碗听人管"嘛！所以我经常遇到有孩子问我："我的爸爸、妈妈当过小孩子吗？"不听话就"欠揍"。

做错了事，当然还有被误会。孩子毕竟是孩子，做错事是经常的。不小心打碎了用具，碰伤了别人，都是父母责怪甚至是打骂孩子的导火索。

没实现目标。父母的目标总是较高的，尽管有时不切实际，但是一旦实现不了，可能就为揍孩子找到了理由。尽管父母口口声声声明"打"不是目的，但是没有更好的方法，"打"就成了首选的方式。如考试应该考90多分，甚至满分，孩子没能做到，家长哪管是卷子难了,还是孩子今天发挥得不够正常,或是出卷子时老师的初衷就是摸一下差生的底,反正没有达标就得揍。

动武到底需要不需要?

我们来看一个故事。有个小男孩,在学校里很顽皮,什么都喜欢和老师对着干,老师一气之下罚他站堂,他竟对着老师点响了鞭炮。就这样,他不得不被退学。那时他正读四年级。

小男孩知道自己闯了祸,站在家门口很久,才诚惶诚恐地踏进家门。让他感到吃惊的是,父母并没有打他,也没有责怪他。他不由得松了口气。父亲只是拿过一本书,他读一句,小男孩就跟着念一句。后来,小男孩学会了查字典,干脆自己学起来。那些被老师禁止的课外书,他看得津津有味,他感到这样子挺不错。

15岁那年,他参军了。他在部队里修了5年飞机,复员后被分配到一家工厂,负责看守一个水泵,日子过得枯燥无味。后来他找到了打发这种日子的最有效的办法——阅读。他在那里夜以继日地阅读,把一部部名著装进脑子里。5年后,他从这里走出去,毅然拿起了笔,开始写诗。他一口气写了很多,可是发表得很少。

他感到越来越迷惘。经过一段时间的考虑,他决定选一种最冷门的文学体裁——童话进行创作。让人感到惊奇的是,他非常适合这种文学体裁。他拼命写作,他的作品越来越受欢迎,读者越来越多,有16家报社同时刊登他的作品。他就是郑渊洁,他创办了《童话大王》,成了数以亿计的孩子们崇拜的偶像。

大家试想一下,如果当时郑渊洁的家长对他动了武,结果会怎样?谁能保证不会把事情弄糟?所以我们说,孩子不是绝对不能打,适度的、必需的惩罚是少不了的。如果不分青红皂白,就对孩子动武那肯定是不可取的。家长请记住,动武是万不得已而为之,是没有办法的办法,从某种意义上说,就是家长在无奈、无助,实在找不到更为合适的有效办法的情况下,采取的非正常措施,但必须是极少的、有限的,甚至只允许一次。否则将来孩子逆反、任性、蛮横暴躁、离家出走,甚至走上绝路都不是不可能的。

不用武力,又解决不了问题,家长应该怎么办?我曾经收到一个爸爸的来信。

父亲44岁,大学学的是师范教育,曾任高中教师7年,从事政法工作3年、军事工作5年、行政工作6年,现在在某经济监督执法部门工作。母亲38岁,小学高级教师,大专文化。正在上高一的儿子身高1.72米,智力、禀赋属于上等,初中时候连任三年班长,一直在班级排第一二名,平时也算是一个听话的孩子;现在是县办一中尖子班的学生,担任班长,成绩中等,在综合素质方面较好,尤其遇事比较有主见,性格沉稳、自尊心强,对考上一所好大学充满自信,亲友都夸赞他,但是近来成绩不理想。

来信内容大致是这样的——

这是一个星期六的中午,当时呢,家里来了客人,我们在客厅里玩牌,儿子推着自行车从外面进来了。

孩子的妈妈就告诉他:"有个同学打电话来,问你参不参加学校的高一新生迎新活动。"儿子还没有做出回答,没有做出决定呢,这时候爸爸就插话了。

爸爸带着一种不满和指责的口气,说:"这个假期啊,时间浪费得够多的了,有什么可参加的?很快就要开学了,还不如抓紧搞几天学习。"这是爸爸自然的反应,在打牌嘛!

儿子听后带着一种冤屈和对抗的态度,说:"你要这么说,我真是不想和你说什么。"你看儿子讲话就有点杠了吧!儿子的言下之意是,他从长沙舅妈家回来以后,近一个星期起早贪黑,学习是抓得够紧的,这应该没有什么可说了,结果呢?还是被指责。

于是儿子出言不逊、态度强硬地指着爸爸说:"和你这人说话,真是没什么意思。"你看这做爸爸的,被儿子指着说。父亲对儿子这种突如其来的、极为不尊重的语言,感到十分惊愕和愤怒。

爸爸一下子站起来,走到儿子跟前,啪地就给了他一个耳光,并说:"你干什么?你再用手指我,我就用刀剁掉你的手指。"

升级了。

在客人面前,儿子对爸爸的威胁毫不示弱:"你剁。"你看,上升程度越来越高,儿子针锋相对,高声反击。

爸爸厉声地说:"你用手指谁?狗东西,你这些年,书都读到狗肚子里去了?"他感到父亲的尊严受到儿子极大的挑战。

"我指的就是你,怎么样?"下不来台了。

儿子毫不让步,紧接着说:"我这几天在做什么?你在做什么?"

儿子意思是什么?他在学习,而爸爸呢?却在打牌。爸爸极力忍住心里的怒火,平时玩牌并不多,这几天家里正好来人,比平时确实多玩了几次。这时孩子的妈妈和客人都停止玩牌,出面极力劝阻,防止事态扩大。

儿子扔下一句话:"你再让我一边读书一边挨打,这16年你就算白养了。"然后气冲冲地冲到楼上自己卧室里去了。

听了这么一段,家长们心里是不是不是滋味?

家庭教育需要家长多动脑筋、多找方法,俯下身子与孩子交朋友,找准问题的症结,相信"不动武"也会有方法应对的。

孩子生日到底应该怎么过？

有一次，我在安徽泾县讲完课，一位妇女走上来拉住我的手，哭得很伤心，很长时间她才停止哭泣。我问为什么，说是听了我的讲课，感到很伤心。原来是我在课堂上讲到了一个孩子过生日的故事：一个做妈妈的早晨刚起床，16岁的女儿来到跟前紧紧地与妈妈拥抱，然后从沙发上抱出一大把鲜花送给妈妈，还毕恭毕敬地给妈妈鞠了一躬："今天是我16岁生日，妈妈，希望您和鲜花一样美丽！"当时，这位妈妈流下了幸福的泪水。

因为在这个孩子的心里，自己生日这天，是自己妈妈的受难日，妈妈为自己受了很多罪，在生自己那天妈妈最痛苦，妈妈流干了眼泪，妈妈几乎是奔着鬼门关去的。所以在这个孩子的心里，"这一天是我的报恩日，我要给妈妈一个惊喜"。于是孩子就精心地准备礼物，在她的带动下，身边很多同学也都行动起来，节约零花钱给妈妈买礼物，没钱的，画一幅画、写一首诗，哪怕是写一封信，反正这一天要报答自己的母亲。

正是听了我讲的这个故事，泾县的这位妇女大有感触。她和丈夫在宁波打工，因患了不孕不育症，快40岁了才生下这个孩子。为了给孩子攒学费，也为了让孩子将来能过上好日子，夫妻俩过年时只是在家吃了年夜饭,天还没亮就登上了去宁波的火车。没想到,年初三丈夫在给酒店送菜的路上被卷进了搅拌车下,虽倾家荡产捡回了一条命,但是成了植物人的丈夫到她来听课时都还没能醒过来。早晨7点,这位妈妈收到了在读初一的儿子的一条短信:"妈妈,今天是我的生日,快给我的卡上打200块钱,我要请同学吃饭。"

应该讲孩子的这个要求并不高,但是让这位妈妈感到伤心啊。丈夫至今未醒,四处借钱以至于无处可借,娇宠惯了的孩子不仅没有体谅妈妈的困苦,却还在伸手向妈妈要钱,往妈妈的伤口上撒盐,做妈妈的哪能不伤心?

事实上在我们的生活中,这样的事情并不少见。我曾在好几所学校做过调查,发现有超过90%的家庭的孩子都是"我生日,妈妈给我订蛋糕了吗""爸爸给我送什么礼物",找几个同学或好朋友上饭店聚一聚早已不是什么新闻。

过生日是对孩子进行教育的绝好机会。如果孩子对自己的母亲都不知道报答,将来他们还对谁有这种感恩的情怀?我们的妈妈们并不是需要那样的礼物,其实孩子买礼物的钱基本上都是父母给的,但是如果方法一转换,这钱花得就太有意义和价值了。

我们家长不要小看孩子生日这件小事,这是对孩子进行品德行为教育、感恩教育最有效的时机。孩子能在这一天给妈妈送个礼物,鞠个躬、写封信,哪怕发条短信,其意义可就不一般了。

教育孩子我们有好方法吗？

没有任何一个人可以用同一种方法教育所有的孩子，相反，我们需要找寻多种方法来教育好我们自己家的孩子。

很多人都会唱这样一首歌——

> 我从背后望着你
> 就这样走出我的生命
> 曾经的承诺
> 只像雨里的彩虹
> 我受伤的心真的好痛
> 为什么受伤的总是我
> 到底我是做错了什么

这是一首情歌,但是唱出了无数孩子的心声,在家长和孩子们的世界里,家长永远是正确的、有理的,被动的、被批的、有错的、受伤的永远是孩子。

正是这种错误的家教理念和不正确的家庭教育方法,给孩子们带来了无尽的烦恼和痛苦。

要解决这个问题,家长必须找准自己的位置,扮演好自己的角色。记住三个"是"和"不是"。

1. 家长是孩子的长辈,不是孩子的领导。

我们做家长的虽然地位、环境各有不同,但是在生育、养育孩子的问题上是一致的,家长的身份决定了自己的位置,但这并不代表孩子就处于绝对服从和被支配的位置。

长期以来,由于我们的教育形成了一种不正确的定式,使孩子成了低层次的一族、听话的一族,影响了上辈与下辈之间的交流和沟通,也不利于孩子潜能的发掘。父母与子女应该处于平等的位置还只能是一句时髦的话语。现代教育要求我们必须建立平等关系,这样才能实现思想上的交流、感情上的交融,从而促进孩子健康成长。

一个叫安娜的女孩把幼儿园的玩具悄悄带回了家,但她告诉爸爸是幼儿园发的。爸爸知道后很生气,对孩子说:"你这种不诚实的行为,爸爸很不愉快,你必须接受惩罚。"爸爸做出了三项决定让孩子选:第一,取消一周吃冰淇淋的权利;第二,取消周日到中央公园游玩的资格;第三,接受肉刑。对于这三项,孩子必须选取一样。安娜感到很无奈,既不想取消吃冰淇淋,又不想取消盼了很久的去公园玩,她只得选择了第三项。但她提出,必须有人当监刑官,以保证她的权利和自尊不会受到损害。爸爸没办法,只得等到中午孩子妈妈回家。妈妈一进门,孩子便飞快地跑到沙发边,趴在沙发上,爸爸对孩子实施了肉刑。但是这种做法,第二天作为爸爸的自己得到了应有的回报。早上6点半,安娜喊门了:"爸爸你快起床,否则我上学就要迟到了。"因为写材料,爸爸睡晚了,实在不想起床,就向女儿哀求:"再给我 10 分钟吧!"女儿下楼吃早餐去了,但当他醒来时,孩子已经迟到了。孩子的老师问安娜:"你从来不迟到,今天为什么迟到?"爸爸赶忙解释,孩子早上贪睡起晚了。孩子对着爸爸,眼睛一瞪:"爸爸,到底谁起晚了?你不诚实,你应该为你的不诚实接受处罚。"爸爸没办法,只得老实地承认。孩子当即做出两项决定,请爸爸选一项:第一,取消周日约好朋友的权利;第二,接受肉刑。爸爸实在舍不得放弃会友的机会,只得选择了肉刑。但他还想搪塞:"没有监刑官啊!"孩子的老师说:"我给你当监刑官。"没办法,爸爸只得当着老师的面转过脸去,接受女儿的处罚。

家长们试想,在这样一种氛围中成长起来的孩子会有一种什么样的意识?如果我们把自己摆在领导的位置,能有效地教育好孩子吗?

2. 家长是孩子的引路人,不是孩子的辅导员。

为了搞好孩子的学习,有很多家长热衷于给孩子找老师做家庭辅导。更多家长自己担当了辅导孩子学习的重任。有一位家长为了提高孩子的学习成绩,自己在繁忙的工作之余,提前一周学完孩子下一个单元的课程,每个夜晚陪伴在孩子跟前,像老师一样辅导孩子学习。结果,事与愿违,孩子在小学时可勉强接受,中学以后干脆对立起来,学习成绩不但没有提高,反而因为已形成依赖而成绩下降。为什么会出现这种情况?因为家长没有摆正自己的位置。我认为,家长的责任是给孩子做好衣、食、住、行的各项供给工作,在学习上应该给孩子以信心,给孩子以激励,给孩子以方式方法的指导,而不应该是孩子的学科的教学者和辅导员。否则,孩子将会养成一种过于依赖的坏习惯,不仅不利于孩子学习,甚至会影响孩子的人格、意志和品行。苏霍姆林斯基告诫我们：不能总是牵着孩子的手走，而是要让他独立行走，使他对自己负责，形成自己的生活学习态度。

若要孩子不受伤，需要家长多多地进行换位思考，找到教育孩子的好方法。

家长与子女如何有效地进行沟通？

家长与孩子的沟通，是家庭教育得以顺利实施的前提条件，问题是我们会不会和孩子进行沟通。家长知道沟通的"三原则"吗？第一是学会耐心地听，听孩子说；第二是不反驳。家长一定要记住孩子在跟我们讲话时，一定要沉得住气，不要几句话一听，尤其是听到不好的事情，就立即开始反驳，甚至讽刺孩子、挖苦孩子、批评孩子，这个要不得；第三是争取共赢。孩子有时的要求是无理的，但并不因为是无理的就没有共赢的空间，要找准机会实现共赢的目标。

由于年龄、经验、能力等方面的原因，家长在与孩子的沟通中处于优势地位，所以，家长与孩子沟通的第一步，就是要尊重孩子，把孩子看成是家庭中平等的一员。

尊重孩子，意味着家长应站在孩子的角度想问题，承认孩子有自己的想法和人格。有的家长在与孩子交谈时，或者自己蹲下来，或者把孩子抱起来，这种眼睛之间的对视，交流的是浓浓的爱意，传递的是深深的亲情，达到的是心与心的沟通。

具体来讲，家长与子女沟通的方法有以下三种：

1. 学会倾听。

孩子的内心世界有多少家长能懂？家长要学会倾听孩子的心

声,才能与孩子进行有效的沟通。

(1)给孩子创设一个宽松、舒适的环境,让孩子愿意向家长倾诉。

有的孩子也愿意与家长交流,但在交流中,孩子会很快发现,这种交流常常使自己处于不利的位置。如果在与家长的交流中,孩子说出不好的事,家长就会批评甚至责骂,非但不能分担孩子的忧愁,反而增加他的烦恼,使孩子的自尊心受到打击。孩子一旦发现倾诉无果,就会立刻中断交流,时间长了,就可能什么事也不对家长说。或者只报喜不报忧,甚至撒谎。

聪明的家长应该注意给孩子创造舒适的环境,让孩子学会表达或倾诉自己的思想和感情。

(2)积极倾听,别着急发表自己的观点,让孩子充分地表达自己的思想和情感。

家长要理解孩子,应尊重孩子的感受,接受和认可孩子的情绪、情感,而不是否认和拒绝。特别是对待孩子那些不愉快的、消极的情绪,家长要让他通过诉说宣泄出来,不要着急先表达自己的观点。当孩子发泄完自己不愉快的情绪后,家长可以根据经验给孩子一些建议,让孩子能接受。

2. 细心观察。

孩子由于能力有限,不善于用语言倾诉,要了解孩子,细心观察非常重要。父母应留意孩子的一言一行、一举一动,关注孩子的情绪变化,善于捕捉和发现教育时机,适时并适当地给予指导,孩子能够接受,这是最好的处理方法。

3. 真挚交谈。

交谈是沟通的重要途径，聪明的家长应懂得怎样让交谈顺利而有效地进行，懂得怎样通过交谈把握教育时机、渗透教育。在孩子倾诉时，如果家长没有任何反应，孩子会认为家长根本没有关注他。这时家长应停下手头的事，注视着孩子，边听边回应。这样做，一来表示自己愿意听，二来也表明了自己的态度。孩子在这种交谈中也得到了及时的反馈，知道交谈不是自顾自地说，而是要根据交谈双方的具体情况来灵活处理信息，以保证交谈的有效与成功。

沟通的方法很多，每个父母都可以在自己的教育实践中，创造出新的、有效的沟通方法，提高沟通的层次，使亲子关系达到更高的境界。

我们常见的哪些家教方法是不当的？

教育孩子不容易，在孩子成长过程中，家长有时很无助，也很无奈，就是在这无助、无奈之中，很多不当的方法就出现了。

孩子刚生下来，就如一张白纸，家长的心理素质、教养方式等因素在很大程度上决定了孩子的心理发展方向。有些家长总是说孩子这不好那不好，殊不知许多问题都是由家长自身造成的。

有些父母对孩子存在的问题，一味地指责甚至打骂，而从不查找自己的原因，这十分不好。父母往往是孩子形成问题的最大症结所在，当你看到孩子的问题的时候，首先要想想自己哪里做错了没有。要改变孩子，首先要改变自己，自己的问题解决了，孩子的问题也会迎刃而解。

家长过分要强、虚荣心过高，会给孩子提出过高的要求，让孩子的身心承受超负荷的压力，最终导致这样那样的心理障碍甚至心理疾病。有位家长把一个7岁孩子所有的课余时间都安排了各种各样的训练课程，如钢琴、绘画、英语、书法、下棋、作文等等，结果孩子由于过度紧张而造成抽动秽语综合征。

家长的过分挑剔、完美主义造成孩子许多心理障碍。家长对孩子写作业要求甚多，孩子写一笔要反复描，擦了写，写了擦，结果动作拖拉，有时考试都写不完，严重的还会造成强迫行为。

家长的紧张焦虑情绪会传给孩子。有的孩子从小体弱多病，家长非常担忧，经常烦躁不安、絮絮叨叨，对孩子过分关注，结果孩子变得敏感多疑、自卑、退缩或神经质。

家长对孩子总是否定，让孩子失去信心。家长总希望孩子要表现得和自己小时候一样好，甚至更好，稍有缺点就大加指责，把打骂当成家常便饭。有个5岁的孩子经常发脾气，做事不长记性，问他为什么会这样，他说妈妈总是责骂他什么都做不好，他从没有受到表扬，所以想发脾气。

其实，孩子的成长过程中总会出现这样那样的问题，家长要容忍孩子有缺点，耐心等待孩子成长。

在教育孩子的问题上，我们做家长的有哪些不良的教育方法呢？

1. 喜欢唠叨。

很多孩子反映，一听到爸爸和妈妈唠叨就觉得烦，根本听不进去。试想，夫妻之间经常唠叨还嫌烦呢！希望家长们改变过于唠叨的毛病。

2. 爱数落指责。

唠叨经常伴随着数落。孩子在家里总是不停地被数落："你怎么不用功啊？你怎么只知道玩啊？你怎么只考这么点分？"

数落比唠叨影响更恶劣，因为数落常常带有谴责性质。

最佳的解决方式是将数落式教育彻底消灭。这种错误方式伤害了孩子，打击了孩子的积极性。

3. 训斥打骂。

动不动就训孩子这也不好,那也不对。训斥式教育不可行。

打骂式的家长数量不多,但对孩子的成长更不好,更不可行。

4. 热衷定标准。

规定孩子每次考试的成绩必须达到多少分,名次要进入班级前几名、年级前几名,上哪个重点中学,考哪所名牌大学。这叫达标式教育。

达标式也是伤害孩子积极性的家教方式之一。一个积极上进的孩子会为自己制定目标的,家长将脱离孩子实际的高目标强加在孩子身上,孩子会很累,加重了孩子的精神负担。

很多孩子考试前情绪非常紧张,为什么?压力太大。如果考试前不对孩子施加压力,告诉孩子只要考出真实的成绩就行,结果孩子可能考得更好,会好很多。面对好成绩,孩子自己倒可能还不满意,觉得某几处丢分太多,愿意继续努力。家长反而要安慰孩子。这才是好状态。

5. 疲劳式。

学校和家庭两方面的压力,做不完的作业和课外题,孩子没有喘气的时间。

6. 包办式、陪读式、催促式。

孩子的学习家长都替他操心到,没完没了地辅导,一天到晚陪着孩子学习。这都是错误的方法。

不断催促孩子,你该做作业了,你该复习了。

很多孩子说,我本来准备做作业了,父母一催我反而不想学了。

请做家长的体会体会,本来你想干点事,想收拾一下屋子,想擦擦地，你爱人提醒一下，你快收拾收拾屋子吧，快擦擦地吧，你可能就不愿意干了。你本来主动要做的事情，本来还想得到别人欣赏的事情，别人一催，你反而不想做了。

孩子的心理其实和大人一样，孩子比你还稚嫩啊，父母应该多换位思考，多理解孩子的想法。

7. 愁眉苦脸式。

处处为孩子操心，也叫操心式。

父亲、母亲的面孔对孩子会产生最大的影响。

请大家想一想，你小时候父母对你的态度。父母要是对你不理解一下，呵斥你一下，父母苦着脸，或父母高兴一下，对你有很大影响啊！可是你现在当了父母却忘了这一点。这着实很不应该！

教育孩子，观点上发生冲突怎么办？

孩子也有烦心事，就是家庭成员之间有人"说话不算数"，孩子不知道该听谁的。

毋庸置疑，在教育孩子的问题上，家庭成员之间要平等相处，相互关心、爱护，相互尊重。这种和睦、民主、愉快的家庭生活，有助于孩子的身心健康地发展。家长的威信是家庭教育取得成功的重要条件。孩子不听话是家长没有威信的标志。而家长威信的建立，不能靠无原则的迁就、哄劝、爱抚，也不能靠物质和金钱的收买，更不能靠压制和打骂，而必须靠家长正直的品行、模范的行为和对孩子人格的尊重。家长得到孩子的尊重和信任，孩子就愿意把家长当成生活、学习以至工作的参谋和顾问，心甘情愿地听从指教。家长之间观点不一致就会损伤自己的威信。对孩子要求要一致。不仅家庭和学校的要求要一致，家庭所有成员对孩子的要求也要统一。

在教育孩子方面经常会意见不一致，比如在商店，孩子看到喜欢的玩具就想买，一个说："不行，你的玩具够多了。"另一个却说："他喜欢就给他买吧。"这样的矛盾经常发生。但是我们该怎么办呢？

这样的情景在许多家庭中随处可见，为了孩子的一件小事，父母双方各持己见，互不相让。这种家庭教育的不一致往往会给孩子带来负面影响，比如使孩子无所适从、患得患失、爱钻空子。这需要家长：

事前先沟通多交流。在教育孩子的问题上，父母双方难免有意见不统一而发生冲突的时候，但只要我们事先多加思考，之前沟通协商好，有许多冲突是可以避免的。如果实在没法之前做好细致的工作，出现问题一定要当时迁就，事后想办法补救。

管教孩子中，很多事是无法预料的，比如孩子忽然不肯练琴了，饭前吵着吃冷饮等。这时父母双方的意见往往脱口而出，根本不可能预先协商。这时其中一方应忍耐克制一下，等事后再弥补。这样可以避免争执愈演愈烈，既伤感情又给孩子造成不良影响。

在家庭教育的问题上没有领导，不存在谁必须听谁的，只有正确说话才有效。家长要一方为主，另一方配合，是隔代教育的问题也要遵循这个原则。

若有一方理智一些，更了解孩子的心理特点或更懂教育技巧，那么，另一方就应多听对方的意见，做好配合。

另外要给孩子空间，让孩子自行做出选择。

在父母双方意见产生分歧的时候，让孩子自己判断选择父母不同的要求，既能使孩子对自己的选择负责，从而坚持下去，又能解决观点不一致的矛盾。

在教育孩子方面，父母要尽可能做到，虽然在具体事件上意见往往有冲突，但在孩子发展的大方向、大原则上还是一致的，尽力为孩子营造以爱和尊重为主的家庭氛围，使孩子感受到不同风格的教育的影响，如爸爸的宽厚幽默、妈妈的严格有序。

为什么孩子怎么做都不能令家长满意？

生活中有一种现象，无论孩子做到什么程度，家长总是不满意，孩子的不足和缺点还是一大堆，原因出在哪里呢？我们说是家长没有耐心。

家庭教育的一个特点是时间长，从孩子降生到长大成人能独立于社会，需要家长的耐心和等待。

首先是对孩子素质能力形成的等待。

一般来讲，家长对孩子身体的发展有着足够的耐心，然而对孩子素质能力的发展形成，家长的耐心等待就差得多了。比如培养孩子学习能力，独立地驾驭学习材料，并形成最适于自己的学习方法和学习习惯，需要很长时间的积累，不是一蹴而就。其中出现学习三进一退甚至一进三退的反复现象，常使家长亦喜亦忧，甚至绝望。要知道孩子的思维能力要发展好，要能举一反三就比记忆知识困难得多，需要的时间长得多。又如快速阅读能力，能够提纲挈领地掌握一本书的内容，也不是短时间内能形成的。家长要指点孩子：学会先看书的目录，然后重点浏览，注意开头结尾等等。说起来时间不长，但要孩子自己掌握，就需要家长等待一段时间，要等待孩子眼和脑配合协调，阅读速度加快，概括能力发展到一定程度，快速阅读的能力才大致形成。

孩子的发展过程充满了令家长新奇和紧张的现象。其实孩子的发展经历曲折和所谓的错误都是正常现象,无所谓"对"也无所谓"错",往往家长还没着急完呢,孩子的"错"已经自生自灭了。

家长对孩子的素质能力形成缺乏等待,主要原因有:一是教育见识差一些,不懂得素质能力形成的大概规律;二是因为等待并不很轻松,等待中充满了疑惑、焦急、不安甚至痛苦,好多家长受不了,总想得到结论以释放压力和负担;三是有的家长存在强烈的虚荣心,他们把孩子外在的成功和声誉看得重于一切,盲目鼓动孩子"什么也不能落在人家后头"。这种不顾孩子成长规律、急不可待的家长,最终得到的只有两种结果,要么孩子永远是第一名,要么家长失望甚至绝望。

其次是对孩子终身成就的等待。

一个人一生中事业上创造的业绩,应该算是一个人的终身成就,也就是一个人最终能有的出息。父母都望子成龙,望女成凤。一个人能有所作为,并不取决于单个因素,除了个人的禀赋和努力,还得"时势造英雄",还要有机遇。另外好多英雄本色在儿时也看不出来,所以孩子究竟怎样,还是得等。

不少家长急于给孩子下结论,认为孩子聪明,就推断孩子将来能成才;认为孩子笨拙,就弃之不管。俗话说:"三十年河东,三十年河西。"能够耐心等待,是一种教育高见,也是一种教育能力。我们必须等待,遵循儿童成长发展的自然规律。

如何把握教育孩子的合理尺度？

美国一个权威机构曾对小孩进行过一次测试,结果非常惊人。他们发现,孩子1岁的时候,想象力、创造力均高达96%,但随着年龄的增长而减少,7岁时(上学以后)发生逆转;到10岁的时候,孩子丰富的想象力、创造力不见了,只剩下原来的4%。

为什么出现这种现象？他们接下来跟踪调查发现,小孩在成长(0—10岁)的过程中,平均遭受超过2万次的"伤害"。其中对幼小的心灵伤害最大的就是来自父母的"破坏性批评"。

一般来说,破坏性批评有三种表现。

第一种表现是进行人身攻击,即批评的时候对人不对事。如"你真笨,这样的事也做不好""我就知道你没救了,真后悔把你生下来"等等。

第二种表现就是增加孩子的内疚感。如"爸爸、妈妈那么辛苦,都是为了你,你不争气,对得起我们吗"。这种批评往往使孩子产生负罪感,觉得欠爸爸、妈妈很多,在学习和生活中背着沉重的思想包袱。

第三种表现比较隐蔽,就是有条件的爱。如"你考95分,妈妈就带你去玩"。这样一来,年幼的孩子知道爱是有条件的,于是,孩子的爱心被功利扭曲了。

　　破坏性的批评几乎是无时不有，无处不在。也许我们这样的话都是善意的，全是为了孩子好，但是，孩子的想象力和创造力却被扼杀于父母的善意与好心中。

　　破坏性批评有如此大的危害，所以做家长的在批评孩子的时候，应采用建设性的意见和建议。

　　首先，对孩子要多表扬少批评，提高其自我价值感和自信心。孩子需要肯定，需要鼓励，需要表扬。你表扬什么就得到什么，你批评什么也就得到什么。

　　其次，批评时要对事不对人。不要因为一次过错而对孩子全盘否定，不要因为一次失败而否定孩子曾经的努力或给孩子扣上笨蛋、懒虫的帽子。

　　再次，批评时要面对未来而不是面对过去，把80%的时间用于解决问题，而非追究问题本身。过去的已经过去，比过去更重要的是现在和未来。把时间浪费在指责孩子过去的过失上，不如帮助他找出问题的原因，从现在做起，更好地面对未来。

　　最后，永远不要打击孩子的自信心。自我价值的高低直接影响着孩子的自信心、勇气和干劲。自我价值高的孩子往往勇敢、坚强，追求成功；反之，则胆怯、畏缩，惧怕失败。因此，父母在批评孩子时永远不要贬低他的自我价值，不要骂他"笨猪""不争气的东西"等，父母要尽力帮助孩子肯定自己的价值，认为自己是聪明的、能干的。

孩子犯了错误，怎样惩罚才算合理？

一些人往往把惩罚简单地理解为体罚。其实惩罚的方式很多，体罚只是其中一小部分，而且是副作用最为严重、最不可取的方法。我们提倡非体罚式的惩罚。

许多教育专家一再强调对孩子要正面教育，惩罚不当会引起亲子感情冲突、压抑孩子的个性等副作用，但对于年龄小的孩子，只靠正面教育是不够的。怎样起到惩罚的效果，关键在于掌握运用的艺术，并尽可能避免其副作用。

1. 利用自然后果惩罚。

如果孩子任性，不吃早饭，妈妈既不责骂也不威胁，只是在饭后把所有的食物都收起来，过后孩子觉得饿了要吃零食，妈妈平静地告诉他，到12点才能吃午饭，肚子饿是不吃早饭的自然结果，这比妈妈的任何责骂都有用。只要不会导致严重伤害或有生命危险，而仅限于不愉快，父母尽可以利用自然后果来教育孩子。

2. 利用人为后果惩罚。

（1）警告批评。要具体指出孩子的错误行为将引起什么后果，同时必须说明可替代的正确行为。如孩子多次对爷爷、奶奶不礼貌，此时不能仅停留在警告批评的程度，除严厉地制止外，还可以在一段时间内不理睬他,使孩子明白他的行为是不被允许的,大家都不喜欢没礼貌的孩子,直至他承认错误道歉为止。

(2)剥夺相应的权利,作为做错事付出的代价。例如孩子晚上吵闹着不肯睡觉,要看电视,那么就罚他不许看电视,除非他同意按时作息。

(3)以某种方式补偿错误行为造成的后果。如孩子不爱惜图书,那么作为惩罚,撕破的图书由他自己修补。孩子不高兴后任性地弄乱玩具发泄不满,事后应责令他自己整理等等。

需要注意的是,无论以什么方式惩罚,要做到:

1. 惩罚及时。

一般来说,轻微的惩罚在不良行为刚一开始或正在发生时给予,会取得最佳效果。延迟了相当时间,效果就小得多。因为做错事的后果常给孩子带来一些甜头——在百货店闹一顿脾气会胁迫妈妈买一件玩具等,这会抵消受罚的消极体验。另外,推迟的惩罚会使惩罚目的不清。如果孩子早上犯了错,晚上表现不错却为早晨的事挨了骂,这样并不容易使他记住这次教训。如妈妈常用"等你爸爸回来再说"来威胁,可是孩子的错误还是照犯不误。

2. 惩罚的强度要适宜。

对于不同性情的孩子也要因人而异。

3. 惩罚应说明理由。

父母在惩罚前后,对孩子说明被惩罚的理由,使其因知道错在何处而心服口服,效果更佳,这也能使孩子提高明辨是非的能力。当孩子听从劝告表现出良好行为时,要及时赞扬。

除此之外,父母应不断提高自身的修养,在善于模仿的孩子面前,处处提供正面榜样。

怎样教育太任性的孩子？

就绝大多数孩子来说，任性不会是天生的毛病。那么，孩子任性是怎样造成的呢？可能有以下原因。

1. 模仿别人的结果。

在家庭里或亲友当中有人任性，孩子曾不止一次亲眼看到任性的表现，而且可能得到了不错的结果。于是孩子就会模仿，学着表现任性。比如，许多亲友一起庆祝节日或外出旅游，其中有一个孩子在大人面前有任性的行为，而孩子的家长不但没有教育他，反而迁就他，满足他的某种要求。这对其他孩子起了一个反面教育的作用。有的是非不明的孩子遇到适合的机会，就会模仿他的样子。

有的成年人也任性，孩子同样会模仿。爸爸、妈妈，任何一方有明显的任性行为，都会直接影响孩子。

2. 家长迁就的结果。

有些孩子任性，是家长惯出来的毛病。孩子小的时候，常常有不合理的要求，家长觉得孩子小，不懂事，就迁就他，几次下来，孩子形成了心理和行为定式。比如，有的孩子偏食现象很严重，只吃自己喜欢的，别的一概不吃，家长怎么说也不行。这种任性的表现，就是以往迁就的结果。

3. 家长对孩子过度严厉或不尊重孩子的结果。

有的家长对孩子要求过于苛刻,孩子难以达到,产生逆反心理和抵抗行为,久而久之,变得任性。还有的家长不尊重孩子,动不动就贬斥孩子,甚至在外人面前也随意责备,孩子为了保全自己的面子,产生任性对抗行为。

随着孩子年龄的增长,任性对孩子的坏处会逐渐体现出来。在家里,不听父母的话,孩子想怎样就怎样;在学校太任性,会成为不受欢迎的人,身心不可能健康发展。怎样使孩子由任性变得不任性呢?

分析孩子产生任性的原因,对症下药。

前述三种原因,第一种如果是受父母以外的人的影响,重点在分清是非,让孩子对任性产生一种讨厌的心理,不去模仿。如果是父母自身一方有任性行为,则应认真反思,坦诚地与孩子交流,承认自己的行为不对,教育孩子不要模仿。并且请孩子监督自己,帮助自己克服任性的毛病。

如果是第二种原因,家长要端正自己的教育思想,矫正自己的迁就行为。一方面教育孩子认识任性的害处,用实例说明任性会使人做错事,会碰壁,在集体中会成为不受欢迎的人,最终影响身心的健康发展。另一方面,要向孩子承认自己的责任,无原则的迁就是不对的,孩子任性,自己应负主要责任。在此基础上,父母和孩子一起讨论,怎样克服任性,来个约法三章。比如,父母给孩子提出某种要求,先讲清道理,为什么这样要求;孩子不同意父母的意见,有自己的主张,也必须说明理由;如果双方有矛盾,就充分讨论,还可以请其他长辈、老师来发表看法。

如果是第三种原因,家长要在端正教育思想的同时,坚决改变过于苛求和伤害孩子的行为,要宽严适度,保护孩子的自尊。创造民主气氛,多给孩子讲话的机会。

其实,任性就是不讲理。在教育者和被教育者之间突出了讲理的过程,任性就会改变。切记不可以任性对任性。

要让孩子在群体生活中改变任性的毛病。

群体生活中的一个重要原则是少数服从多数,个人的意愿与大多数人意愿不符,就会被否定。

家长应鼓励孩子多参加群体性活动。节假日安排时间约几个小朋友一起进行游乐活动。事先给孩子讲清要求,如果自己的意见被否定了,要服从多数,不要固执、不要闹情绪。学校班集体的活动,更要积极参加,应主动向班干部、班主任老师要任务,并且认真完成。家长主动与老师联系,给孩子安排点负责任的工作。孩子在与别人的沟通中,会体会到任性无用武之地。

帮孩子选择一两个通情达理、不任性的孩子做朋友。

对于中小学生来说,同龄伙伴之间的影响力是很大的。有一两个通情达理、不任性的朋友经常在一起学习、玩耍、讨论问题,对克服任性的毛病大有好处。允许孩子到小朋友家里去,让他感受小朋友是如何听从父母的教导的。还可以让孩子请小朋友监督自己克服任性的毛病。

综上所述,矫正孩子任性,需要家长认认真真地下一番功夫,而且首先要矫正自己的行为。如果只是一般的批评,没有具体的有针对性的教育措施,恐怕不会见效。

孩子不开心，做父母的该如何引导？

孩子放学回到家，没像往常那样蹦蹦跳跳，有说有笑，这说明孩子不开心。现在有很多独生子女，他们的生活很孤独，有的甚至失去了对生活的信心，整天闷闷不乐，这些都是常有的事情。经常情绪低落对孩子的性格培养弊多利少。由于年龄较小，孩子本身就缺乏调节情绪的技能，如果父母对孩子总是有求必应的话，一旦孩子的某一要求得不到满足时，他们便会耿耿于怀。有的家庭气氛比较紧张，平时父母对孩子的态度也较严肃，虽然为孩子提供了成长所需的各种条件，但孩子还是感到紧张、压抑。一些孩子兴趣狭窄，缺乏社会交往的技能和技巧，他们往往只对几项活动或游戏感兴趣，或者只和几个小朋友一起玩并形成某种心理上的依赖。一旦离开，其他的游戏就无法引起他的兴趣，从而导致情绪低落。因此，一旦发现孩子不开心了，父母就该根据情况进行适当引导：

1. 多陪陪孩子。

别责备孩子，比如"没出息""小气"等等，责备并不一定能纠正孩子的行为，只能让孩子感觉沮丧，自信心也随之降低。恰当的做法是陪孩子玩游戏，最好是比较轻松、活泼的户外体育游戏。

2. 兴趣培养是最好的引导。

在孩子心情好时尝试一些新的游戏活动。有时,孩子不喜欢某些游戏是因为不熟悉游戏规则或不擅长某项活动,而不是他不想进行游戏,这时父母的耐心引导会改变孩子对这些游戏的态度。亲子活动也能让父母和孩子更加情意融融。

3. 孩子需要很多朋友。

父母经常带孩子参加儿童或成人的社交活动,并在日常生活中有意识地教孩子一些必要的社交技能——如何结识新朋友、如何与小朋友在游戏中合作、如何解决游戏中的分歧等。

4. 给孩子发泄的机会。

孩子在需求得不到满足时的哭闹,父母不必强行制止。此时应该让孩子的不满情绪得到发泄,如让孩子说出他的不满,父母表示理解并给以安慰,适当地发脾气或哭泣也有利于孩子心理上的放松。

5. 为孩子创造轻松愉快的生活环境。

生活在宽松、愉快环境中的孩子怎会没有好情绪?这能使孩子随时自由、放松地表达自己的喜、怒、哀、乐。

怎样做一名称职的父亲？

古人云："养不教,父之过。"要知道这里的"父"不是指父母,而是专指父亲。这就说明,在家庭教育中父亲的作用非同一般,一个没有受到良好家庭教育的孩子,父亲是责无旁贷的。在当今社会父亲所扮演的角色和产生的教育效应在很多的家庭中有非常明显的体现。

力度、高度、厚度,父亲那边来得多一点;宽度、广度、深度,母亲那边来得多一点。一般所说的不能替代是指,第一,异性子女性别认同不能缺少。比如对女儿来说,她对异性的认识,是从父亲开始的。比如你是父亲,如果女孩子觉得你是男性,那么她就会认识到自己是女性,这是一个阶段。第二,就是一个精神偶像的作用。父亲一般是孩子的精神偶像,他是孩子学步的拐杖。有人研究,孩子的生长分三个阶段:1.把我抱紧点;2.把我放下来;3.别来打扰我。这三个阶段中,我们把"把我抱紧点"认为是母亲的阶段。"把我放下来"被认为是他要学走路,他要奔跑,这时候他最需要父亲了。父亲可以带他到草坪上,而母亲没有这个精力,也没有这个时间。如果没有父亲,就是一个空当,孩子的运动能力和与自然的接触能力将来就欠缺,而这个欠缺对他将来的交往和他对自然、对社会的认识都是有障碍的。近年来,越来越多的教育家提出:父亲对教育和培养子女的作用重大且不可替代,他们有着特殊的力量。那么怎样做一名合格称职的父亲呢?根据有关专家的意见,称职的父亲应该做到以下几点:

1. 让孩子感觉到你很爱他。

许多孩子都希望"爸爸能对我说或向我表明他真的爱我"。事实上,不少孩子都希望父亲能把对自己的爱表达出来。因为,爱的表达能赋予孩子以信心和勇气。不善表达的父亲可以通过特殊的方式做到这一点,如把爱意留在便笺上、卡片上或写成字条放在孩子的书桌上等,给孩子一些爱的暗示。

2. 多与孩子用心相处。

父亲能给孩子两样最珍贵的东西,除了爱心就是时间。偏偏这两样,对男人来说都不太容易"出手"。美国一位作家苏珊·杰克比在书中充满温馨地回忆:"夏天午后,我跟着爸爸来到后院园子里,天南地北地聊个不停,直到妈妈喊我们进屋吃晚饭。"她说:"爸爸从未对我说过,'走开!让我静一会儿'。"

3. 让自己多一份童心。

一位父亲给女儿买回一个昂贵的玩具,他见女儿对玩具置之不理,倒对装玩具的盒子爱不释手,他感到难以理解。可是,当他回忆起自己幼年时把玩具小车当真正的马车、把小床当成宇宙飞船时,也不禁笑了。

好奇和幻想是儿童的天性。儿童的兴趣和成年人是不同的。与孩子在一起,成年人最好放弃"事情应该是这样"的成人之见。

总之,父母在孩子女的成长中扮演十分重要的角色,怎样做称职的父亲值得每一位家长深思。

如何让孩子对父母有话就说？

孩子需要有自己的隐私，并不是什么事做父母的都要知道，但是有一点做父母的必须清楚，当孩子有话要和父母说的时候，就应该是无所顾忌，想说就说。有的时候是因为孩子小不懂事，说了不该说的话；有的时候是孩子真的不明白，这都需要父母细细揣摩，在孩子很小的时候就有一个能说敢说的环境。这就需要我们做父母的做到以下几点：

1. 批评要慎重。

孩子成长中很难不挨批评，但不管是不是孩子的错，如果你想要孩子把发生的事告诉你，攻击和批评可不是办法。此外，不要过早地下结论，要等待他把事情全部说完。听完了他的故事，更重要的是诱导他自己发现问题的答案或者解决办法。随着孩子的不断成熟，父母应逐渐走到幕后，给孩子自己思考和解决问题的机会。

2. 学会倾听。

"孩子，让我们来谈谈！"如果你们的谈话是这样开始的，结果往往是说话的只有你一个人。然而，在你们一起打完篮球，开车回家的路上或周末一起洗衣服时，往往是孩子滔滔不绝、喋喋不休的时候。要想多了解孩子的生活，就要多创造这些对他们没有压力、和你一起活动的机会。要学会倾听,不要指责。

吃完晚饭的时候,正是孩子想告诉你很多事的时候,你也许有一大堆的碗要刷,但你最好留在餐桌前,耐心地倾听。大人们总计划着下一步,而孩子们只注重现在,要遵守他们的时间表。

当你真的需要问问题的时候,也要少用"为什么",这个词往往会激发他们的逆反心理。

3. 控制反应。

比如,尽管当儿子告诉你他没有被校足球队选中时,就算你和他一样很失望,也不能让这种情绪表现出来。否则,会造成以后他只报喜不报忧的结果。

4. 肯定并对诚实奖励。

当孩子做错了事时,你必须首先对他向你承认错误的诚实表示肯定。孩子们最担心因为他们的错误行为而失去父母的爱,所以你要特别注意鼓励他们养成主动承认错误的好习惯。

5. 替孩子保密。

即使对于最开放、最友好的父母,孩子还是有他们自己的秘密,特别是在青少年时期,他们开始学着和父母分离,越来越多地依靠朋友。我们应该做的是让他们知道,如果他们需要,你永远在他们身边。

想象一下,你最好的朋友把你告诉他的最隐秘的事传给了其他人,你的感受会怎样?孩子们也是一样,这可能是你失去信任最快的途径。

6. 弥补要及时。

不管我们怎样注意,父母也有犯错误的时候,出现失误或错误及时弥补就显得极为重要。一定要放下架子,主动向孩子承认错误。

如何提高家长教育孩子的能力？

许多做父母的很困惑，自己很努力，为什么孩子就是不理解、不配合，为什么不能获得预想的结果？

家庭教育的能力应该包括三大内容：对孩子的洞察能力；对自己的自省、自制和自我提升能力；对环境的判断、选择和创设能力。

鼓励优点永远比指出不足受欢迎。

生活中，我们常常可以看到这样的情景：

兵兵早晨起床穿好衣服，坐在那里叫妈妈。妈妈催她快点来吃饭，兵兵说："你抱我下来。"妈妈说："都是小学生了还撒娇，要来不及了，快吃饭！""你抱我！"妈妈急了，过来一把拽下裤子，啪啪打了两下屁股："看你不听话！"兵兵委屈地哭了。

是兵兵不懂事、不听话，还是妈妈不懂得兵兵的需要？早晨起来，父母想的是时间紧张，孩子想的是父母的拥抱。孩子需要通过肌肤接触切实才能感受到父母对自己的爱。这时父母要体察、满足孩子的需要，让孩子感受到父母的爱永远是最重要的。

明明拿出考卷让妈妈签字。妈妈一看，90分，立马沉下脸来说："怎么才90分？"明明辩解："我算好的，我们班还有人比我差得多了！"明明参加小学生象棋比赛，二胜四负。明明走出赛场，笑嘻嘻地说:"我又输了。"妈妈对爸爸说:"看你的儿子,怎么一点上进心都没有!"

明明的"算好的",只是对"才90分"的反驳,只是想说明自己不差,他不愿爸爸、妈妈把他看扁了,而是希望得到接受和肯定。假如明明屡输屡战,还真是难得的风度呢,难道不比输了就哭鼻子,再不肯比赛的表现好几倍?妈妈应该充分肯定明明在学习、比赛中的积极和努力,鼓励他再接再厉。

孩子的话和行为的背后究竟是什么,父母未必清楚,所以要细心体察。做父母的也要注意到,每个孩子都不一样,父母不能把自己孩子的不足和别人的长处比,这是对孩子的不尊重,会打击孩子的自信心,使孩子自卑。在孩子的问题上,成人的感受可不能随便宣泄。发现孩子的优点,鼓励优点,永远比指出不足有利有效。

通常情况,孩子的心理需求有:1.父母的爱护和关怀;2.被接受、被尊重;3.得到赞赏;4.有独立的地位。

我们不能满足于熟悉孩子的外貌和一般生活习性,更要努力了解孩子的内心需求;我们不光要了解入学前孩子的特点,更要随着孩子的成长,随时掌握不同年龄的孩子对物质的需求和精神的需求。只有这样,才能放手让孩子在自我体验中学习和成长,培养他们的良好心理品质,这是具备家庭教育能力的基本要求。

孩子为什么要故意犯错呢?

这是生活中的一个情景:宁宁三年级时,常常对妈妈说自己作文写得不好。妈妈有点纳闷,她留心观察,发现宁宁写作文挺费心思的,于是,她明白了。宁宁从小敬佩作家,觉得会写作文是个了不起的本事。现在要学习作文了,他害怕自己写不好。

妈妈非常肯定地对宁宁说:"你的作文一定会写好,并且你观察仔细,你从小能言善辩,因为你书读得多,学了就会用。"宁宁将信将疑,说老师也认为她写得不好。妈妈说:"那是老师要求偏高。我是搞文字工作的,我有经验。你的作文写不好,还有谁能写好?"后来,宁宁的作文水平果真提高很快。

好多父母都以为,像宁宁那样说自己学不好功课的孩子是叫苦耍赖,是给成绩差、逃避困难寻找借口,是上进心不强。他们总是以为,功课不好就是不够用功、不够刻苦。所以,他们总是批评孩子。

其实不然,多往好处想孩子,多鼓励孩子,这才是上策。可以说,孩子的不成熟决定了孩子肯定会有缺点和不足。很多时候,家庭教育也需要通过批评孩子的错误来进行。但如何批评呢?这里也大有讲究。

传统教育认为,对待缺点不能姑息,批评是对事不对人,应该持"秋风扫落叶"甚至"风刀霜剑"的态度,认为批评的结果必定要半生痛苦,只有痛苦之后才能记住教训。或者总是喋喋不休地对孩子讲大道理,或是如法官判决般地毫不容情。这样的教育其实只是看到缺点而看不到优点,客观上只会把孩子放到我们的对立面上。

小小年纪就和父母"敌对"怎么办?

有一位家长打电话给我,说自己10岁的儿子处处和自己作对,有一次居然用剪刀剪坏了他的花格子大衣。孩子还这么小,怎么就这样了?

敌对是个体遭受挫折引起强烈不满时表现出来的一种仇视、对抗、不相容的消极情绪状态。有敌对倾向的中学生常对他人抱有不友好的态度,甚至把别人对他的赞扬也看成是冷嘲热讽;老师和同学不能给他提意见,他会认为这是对他的挖苦,甚至会做出报复、破坏的举动来;常和同学为一点鸡毛蒜皮的事情争得面红耳赤;在家里顶撞父母,不愿听他们的话。你是否也有此类问题呢?

有敌对倾向的中学生并不少见。据对北京市中学生的一项调查表明,有敌对倾向者占总人数的19.9%。到底是什么原因使得小小年纪的他就用对抗的方式来对待他人和这个世界呢?主要有以下三点:

1. 学习压力过大。

当前我们的教育是应试教育,你是英雄还是狗熊,只需在分数上见分晓。所谓"考考考,老师的法宝;分分分,学生的命根"。因此造成学生,尤其是毕业班的学生压力非常大,常用敌对态度来发泄自己的不满情绪。他们不仅对同学、老师、家长有敌对倾向,甚至常常对着无生命的东西宣泄不满,如在中学生中常可见到不高兴时摔书本、踢墙等动作。

2. 家庭、学校教育方式不当。

有些家长自己在外不顺心,回家来常拿孩子出气,打骂他们,孩子接受不了父母的粗暴态度,往往以对抗方式回应。有的老师比较喜欢能力强、成绩好的学生,对能力稍低、成绩稍差的学生较少关注。受到不公正待遇的学生,自尊心遭到严重伤害,心里有气没处撒,于是便以消极的方式来发泄内心的不满。

3. 青春期发育的矛盾。

中学生正处于从儿童向成人的过渡时期,心理学上称为"边缘人"。这时的他们身体发育很快,自我意识增强,具有很强的独立感,认为自己是大人了,不愿再像小学时期那样很多事情都依赖父母。但在父母眼里,还是认为他们思想不成熟,知识阅历浅,因此仍然插手孩子的事情。这往往被孩子看成是一种束缚,容易使他们产生反感或逆反心理,你说东时他偏说西,引起敌对倾向。

敌对倾向对中学生危害很大。敌对倾向者虽然看似对许多事情都毫不在乎,实际上内心却是痛苦和不安的。而且有敌对倾向的中学生常把自己摆在与别人对立的位置上,也不利于人际关系的良好发展,心理上难免有孤独、寂寞之感。长久下去对身心健康都有不利影响。因此我们一定要下决心改掉这种不良性格。下面几条对中学生的建议可能对此有所帮助。

(1)多与父母、老师沟通,让他们多了解自己。

敌对往往因不了解而引起,所以多与父母、老师交流,让他们了解你对一些问题的看法,知道哪些地方需要双方都进行改进,这样就可以化解误会,增进了解。你也可以达到他们的支持,从而有更多的精力投入学习中。

(2)发挥自己的强项。

任何人都不是一无是处,都有自己的优势,自己的弱项。虽然你学习成绩不怎么样,但你能歌善舞、能写会画、体育能力出众,只要尽情发挥,这也是成功、胜利。如果你把时间用于对自己优势能力的挖掘发挥,你就没有心思用敌对方式向世界表示你的不满了。

(3)给自己积极暗示。

如果说你与你的父母、老师简直无法沟通,你又是一个非常平凡的人,几乎各方面都没有特别突出的,你也用不着灰心丧气,不然的话会对自己的健康造成极大的危害。最佳的做法是常给自己积极的暗示,每天可不定时地对自己说"我很快乐""我很幸福"之类的积极话语。保持愉快的心态,不仅可以减轻你的敌对倾向,而且可在学习生活中给你正面的影响。

孩子不听话,有没有训斥的最佳方案?

由于孩子好奇心强、活泼好动,往往会引发意想不到的恶作剧和事故。有时,他们会弄坏十分贵重的东西。出现这些情况,做家长的当然要加以训斥。但有的家长训斥孩子不得法,往往使孩子产生抗拒心理,使训斥达不到应有效果。

针对上述情况,日本著名心理学家松达哉先生提出10条训斥孩子的最佳方案。因孩子不听话而头痛的家长请读一读:

1. 当孩子的某些行为可能造成重大危险时,如孩子在公路或池塘边玩耍、玩火或玩利器时,要毫不客气地狠狠加以训斥。

2. 当场训斥。对于幼小的孩子,如果不当场加以训斥,就不会有效果。因为早上发生的事情等到晚上再去训斥,孩子早就忘在脑后。

3. 训斥时,全家人要意见统一,态度一致。同样是撒野、淘气,可是家里的人有的训斥,有的放任不管,有的甚至批评不该训斥孩子,这样是不可能教育出好孩子的。但是,在训斥孩子时如果大家七嘴八舌一块训,那效果也不好。要由一个人做代表,其他的人可以采取赞同的态度。

4. 先表扬后训斥。不要一上来就不分青红皂白地猛训一通,可以先表扬一下孩子好的一面,然后再批评做错的地方。

5. 管教孩子不能例外。同样是孩子淘气,由于客人在场,或者是身体劳累、事情太忙等原因,时而训斥,时而不管,那是管教不好孩子的。不要制造例外,始终如一的训斥方法是很重要的。

6. 训斥时不要感情冲动。看到孩子淘气,十分恼火,大发雷霆,不知训斥是为了什么,这种感情冲动地训斥孩子是不可取的。不要忘记,训斥不是目的,而是为了让孩子知错改错。训斥和发火是两码事。

7. 不要动手打,要用语言训斥。为了教育两三岁的孩子,有时在训斥时,揍孩子的屁股和打手心也是需要的。但是,孩子到了五六岁时,不要再打孩子,而要用语言训斥。特别是倘若打得频繁,孩子就难以充分理解被训斥的原因,容易造成抗拒心理。训斥时应耐心地指出这样做为什么不好,错误有多严重。

8. 不要无休止地训斥。训斥孩子要直截了当,干净利索。如果训斥起来没完没了,有时孩子就搞不清楚为什么遭到训斥,会产生厌烦的情绪。

9. 不要在饭前训斥。在饭前和吃饭时斥责孩子,会影响孩子的食欲。特别是禁止或限制孩子吃饭,只能引起孩子产生反抗心理。

10. 要以强烈的疼爱之情来训斥,不要抱着怨恨情绪来训斥孩子。只要经常以疼爱的心情和诚意同孩子接触,和孩子进行亲密的交流,训斥就会收到好的效果,给孩子的人格以好的影响。即使训过了头,也会取得孩子的谅解。

孩子啊,你为什么管不住自己?

今天不苦,明天会更苦;今天不累明天会更累;今天管不住自己,明天一辈子被别人管。

我们做家长的诉说孩子的缺点，常常是一套一套的，总在埋怨，孩子啊，你为什么管不住自己？实际上这能怨怪孩子吗？孩子情商培养滞后了。

智商虽然是一个人成功极其重要的因素，但是影响一个人一生的，更多的还是一个人的性格，你的世界观、你的价值观、你的耐心、你的信心、你的毅力、你的情绪、你的情感，这些品质的总和是一个人的情商。

我们经常能听到一些家长抱怨："我家孩子很聪明，什么事情一学就会，就是学习搞不好，怎么学也学不进去。"这些家长的抱怨，反映了一个非常普遍的现实，不少智力很好的孩子，学习成绩却非常糟糕。究其原因，主要是这些家长往往只重视孩子的智力开发，忽视了影响智力发展的其他心理因素——非智力因素。现代心理学家认为，一个人只有在他的生理和心理得到全面发展的情况下，才能被称为健康的人；只有在智力与非智力因素充分发挥作用的条件下，才可能成为有作为的人。

非智力因素是指智力因素以外的一切心理因素,其中主要是指意志、兴趣、性格、情绪等。

苦难是一所大学。航天员是怎么"炼"成的？翟志刚、刘伯明、景海鹏的成功"飞天",离不开祖国对他们的培养,而他们自身也具备着顽强的意志力、自信心、团队精神等优秀品质。从他们的成长背景中,我们发现,他们有着惊人的相似点:他们大都出身贫寒,都拥有朴实、善良、给予孩子无私之爱的父母,他们的父母都非常重视孩子在学业和事业上的追求。总结起来,他们的成功得益于以下三点:

首先,艰难的生活造就了他们坚毅的品质。

如果说苦难是一所大学,那么翟志刚、刘伯明和景海鹏手中持有同样的"毕业证书"。三位航天员都来自农村,家境贫寒,甚至连读书的机会都是自己和家人拼尽全力才争取到的。翟志刚小时候,父亲长年卧病在床,一个大家庭靠年近60的母亲贾桂芝支撑着。为了供家里的几个孩子读书,母亲每天起早贪黑去老家龙江县剧院卖瓜子挣钱。风里来雨里去,晚上回到家,她用粗糙、裂着口子的双手,将一张一张发皱的角票分币点捋平整——这是翟志刚和哥哥、姐姐们的学费。在这样的环境中成长起来的翟志刚,虽然是家中的老小,但懂事得非常早。他从小就会各种农活,铲草、锄地都是一把好手,而且还很会炒瓜子。据大哥翟志强介绍,翟志刚炒的瓜子"不煳,很香"。

刘伯明的上学之路也充满艰辛。读高中时,家里要同时供五个孩子读书,以种地为生的父亲深感力不从心。懂事的刘伯明为了给家里节省一笔住宿费,选择跑校——每天骑一辆破旧的自行车,往返20公里上学,风雪无阻,从不迟到。那时的他几乎没有新衣服,带的午饭是用玉米面烙成的大饼子,外加一些咸菜。

家庭的苦难,造就了他们坚韧的品质。成为航天员后,尽管训练是那么艰苦,他们却连眉头都不曾皱一下。

这些出生于贫困家庭的孩子,耳濡目染了父母的勤劳、朴实,养成了吃苦耐劳、坚毅顽强的品质。

当年,"神六"发射时,翟志刚进入首飞梯队,最终却未能如愿上天,而这已是他继"神五"后的第二次落选。可贵的是,他并未气馁,一次又一次向着自己的目标努力。这种刚毅和勇于进取的精神,与他从小目睹母亲坚忍不拔、用自己的辛勤劳动供养孩子上学不无关系。

家长们,如果想让孩子将来更有出息,请注重孩子的情商培养。

孩子非智力因素培养,真的很重要吗?

非智力因素是相对智力因素来说的,一般认为智力因素包括六个方面:注意力、观察力、想象力、记忆力、思维力、创造力。非智力因素指与认识没有直接关系的情感、意志、兴趣、性格、需求、动机、目标、报复、信念、世界观等心理因素。这些非智力因素在人的成长过程中,有着不可忽视的作用。

良性的非智力因素包括乐观向上的人生观,合群而乐于助人的性格,为他人设身处地的敏感,合乎逻辑、理性而冷静的思维方式,坚持不懈地做好日常小事及有条不紊的学习习惯等。

在学校我们发现,学习成绩优秀的大多是那些智力中上而非智力因素较好的学生。因为智力因素在很大程度上由先天因素决定,智力的培养只能开发智力的潜能,并不能取得实质性的突破,智力超常的人很少(大约2%),绝大多数人都是智力在正常范围内的。而非智力因素则主要是后天"习得"的,是完全可以通过教育培养来改善提高的。非智力因素往往是决定一个学生学习成绩好坏的主要因素。

有人曾对日本160名有突出成就的科学家、发明家进行调查研究,结果发现,这些人都具有与一般人不同的心理特征:他们具有恒心、韧劲,甚至在希望渺茫的情况下,仍不放弃目标,坚持到底;他们从童年时代起就具有强烈的求知欲望;他们具有鲜明的独立性倾向和独创精神,凡事有主见,雄心勃勃,肯努力;他们精力充沛、干劲十足。显然,这些优良的非智力因素在他们的创造、发明过程中起到了特别重要的作用。同样,美国心理学家也曾经进行过跟踪研究,得出结论是,成就最大与最小的人之间,最明显的差异不在于智力水平,而在于是否有自信心,有进取心,有恒心,有不屈不挠、不自卑等良好的品质。我国曾对115名在市级的各类竞赛中获奖的同学进行过一次详细的调查,发现他们中间智力超群的并不多,家庭的物质条件也不优越,然而,他们大多数人兴趣广泛、知识面宽、意志坚强,有正确的学习动机,有强烈的求知欲望和自信心。

所以家长不能一味地只要求培养孩子的智力,也要把孩子的非智力因素摆上议事日程,全面培养自己的孩子。

孩子如何克服自卑心理？

严重的自卑感会造成人的心理问题，对孩子的学习、生活都有很大的危害。但自卑心理并不是不可改变的，家长可尝试采取以下几种调适措施来消除孩子的自卑心理：

1. 全面地、辩证地看待自己，正确地认识、评价自己。

不仅要如实地看到自己的短处，也要恰如其分地看到自己的长处，切不可因自己的某些不如人之处而看不到自己的如人之处和过人之处。

2. 学会正确地归因。

不能因一次失败，就认为自己能力不行。殊不知这次失败的原因很可能是多方面的，不一定是能力不足造成的。

3. 提高自信心。

当你在干一件事之前，首先应有勇气，坚信自己能干好。但在具体施行时，应考虑可能遇到的困难。这样即使你失败了，也会由于事先在心理上做了准备而不至于造成心理上的大起大落，导致心理失调。

4. 体验成功。

经常回忆因自己努力而成功了的事，或合理想象将要取得的成功，以此激发自信心。

5. 运用积极的自我暗示。

当遇到某些情况而感到信心不足时，不妨运用语言暗示自己：

"别人行,我也能行""别人能成功,我也能成功"。从而增强自己改变现状的信心。

6. 建立新的兴奋点。

当你处于劣势或面对自己的弱项时,可以通过有意转移话题或改做别的事情来分散自己的注意力。如可将注意力转移到自己感兴趣的也是最能体现自己才能的活动中去,以淡化和缩小弱项在心理上造成的自卑阴影,缓解压力和紧张。

7. 正确地补偿自己。

为了克服自卑心理,我们可以进行两方面的补偿:一是以勤补拙。知道自己在哪些方面有缺陷,不要有思想包袱,以最大的决心和顽强的毅力去克服这些缺陷;二是扬长避短。例如苏格拉底其貌不扬,于是在思想上痛下功夫,最后在哲学领域大放异彩。日常生活中,我们应注意自我调节,"失之东隅,收之桑榆",扬长避短,克服自卑。

8. 注意自我激励。

自卑的人一般都比较敏感、脆弱,经不起挫折的打击。因此应当注意,要善于自我满足,知足常乐。在学习上,目标不要定得太高。适宜的目标,可以使你获得成功,这对自己来说是一种最好的激励,有利于提高自己的自信心。之后,可以适当调整目标,争取第二次、第三次成功。在不断成功的激励中,不断增强自信心。

9. 选准参照物。

在与别人比较时,为了避免自卑心理的产生,我们应该选择与自己各方面相类似的人做比较。否则与自己悬殊太大,或者拿自己的弱点与别人的优点相比,总免不了产生自卑感。与人做比较时要讲究"可比性"——选择适当的参照物,否则只有"人比人,气死人"。

孩子没有自信心怎么办？

孩子学习有困难，习惯上被称为"学困生"，你们的孩子是这种情况吗？

由于个体的差异，在学生群体中很难避免地会出现一些"学困生"，他们表现为缺乏自信、学习被动，完成学习任务有一定的困难。帮助他们脱"困"，培养他们的自信心，是每位家长义不容辞的责任。

1. 充分相信自己的孩子，培养自信心。

成功的教育是爱的教育，爱能激发学习的热情，能给学生以勇气和信心。一个人只有对自己充满自信，才会对取得成功充满渴望，才能去拼搏、去奋斗。"学困生"平时很难听到家长、教师或同学的夸奖，对他们来说受责备几乎成了家常便饭，久而久之就失去了自信心和自尊心。作为家长首先要对转化"学困生"有信心，要多给他们关心和爱护。对他们要多一些表扬，少一些批评和责备。平时多和他们谈心，了解他们的心理，倾听他们的心声，要常对他们说："你能行，爸爸、妈妈相信你""不要怕，大胆试一试"。这对"学困生"来说，就意味着家长的重视、关怀和期待，这对培养他们的自信心理品质起着重要的作用。

2. 让孩子在成功的喜悦中获得自信。

培养"学困生"自信心的条件是让他们不断得到成功的体验,而过多的失败体验,则使他们对自己的能力产生怀疑。因此,家长要根据"学困生"发展的特点和个性差异,提出适合其水平的任务和要求,确立一个适当的目标,使其经过努力能够完成。如:好学生仅一遍做对了题目要表扬,"学困生"经过订正才做对的,也要表扬、鼓励。家长要鼓励孩子在平时的课堂教学中,多参与课堂活动。创造机会让他们表现自己的才能,发挥其特长,及时发现他们身上的闪光点,减少他们学习中的挫折,尽可能多地给他们以肯定和赞扬,从而使他们在不断的成功中培养自信,激起他们对成功的追求。

3. 注重科学,在差异中找到方法。

家长对孩子的评价恰当与否,是孩子情绪的晴雨表,如果孩子的做法能得到家长及时而中肯的评价,孩子就会感到自己被赏识、重视,就会愉快、积极,增强自信心。反之,就会情绪低落、被动、缺乏信心。即使他们做错了,也不要全盘否定,更不能讽刺、挖苦,而要就事论事,帮助他们分析错误的原因,鼓励他们想办法战胜困难。在衡量他们的进步时,要因人而异,不能和好学生相比,因为有些"学困生"根本无法达到优秀的成绩,只能让他们自己与自己比,拿现在的成绩与原来的成绩比。如这次考试比上次多了5分,就要表扬,使其认识到只要努力就会进步,同时再向他们提出新的要求,使他们在看到光明和希望的同时,也感受到压力。社会实践表明,家长能体现个性差异,客观地评价、对待孩子,有利于"学困生"心理的健康发展,实现"学困生"的转化。

孩子"羞涩、懦弱和胆怯",是性格上有问题吗?

导致孩子羞涩和懦弱心理行为的原因有很多,父母是孩子的第一任老师,因此父母的教育对孩子至关重要。若父母在管教孩子时过于严厉或过于溺爱,都会导致他们产生羞涩和懦弱的心理行为。矫正羞涩和懦弱的心理行为要注意消除根源,树立自信,宽容接纳,及时宣泄各种不良情绪。家长可以教育他试行以下几种办法:

1. 大胆地迎着陌生人走过去,适时主动地与陌生人打招呼,说话时声音洪亮、吐字清楚,同时要注意语速、语调和面部表情的和谐。有些成功的演讲家是这样做的:10%的语言+40%的语调+50%的面部表情。

2. 在演讲或重要场合发言时,需提前打好腹稿或写出发言提纲。在发言的过程中,孩子一定要熟记开头和结尾的内容,讲开头和结尾时声音一定要洪亮有力,只要抓住了"一头一尾",就一定会赢得好评与掌声。

3. 在同别人谈话时,要大胆地盯住对方的鼻梁骨,这样在对方看来,你是一个富有自信心和人格魅力的人。

4. 掌握所学的专业知识和老师交给的各项学习任务,可以使孩子在实践中获得更加坚定的自信心和生活的乐趣。

5. 与强者交往。孩子在与强者的交流过程中,不仅能学习到他们的勇敢、果断等良好的品质,还会意外地发现在强者的背后也存在着某种意想不到的弱势。这种意外的发现可能会激发出孩子自己的某种自尊心和自信心。

6. "关注他人,忘掉自我",这是在现实生活中及时摆脱羞涩和懦弱的关键。羞涩和懦弱是自我过度关注所导致的一种自我封闭的心理过程。当参加某种集体活动和社会交往时,那些性格羞涩和内向的孩子往往容易陷入自我关注的泥沼中,他们对自己的声音、容貌和服饰等是否能够引人注意,特别是能否引起异性的注意尤为敏感。恰恰是这种心理误区导致孩子羞涩、拘谨和懦弱。

简单地说,请家长记住四个原则:

1. 让孩子学会生活。

一些家长对孩子百依百顺,不让孩子做任何事情,这等于剥夺了孩子自我表现的机会,导致了孩子独立生活能力的萎缩。

2. 让孩子接触同伴。

爱模仿是孩子的一大特点,父母要让性格软弱的孩子经常和胆大勇敢的小伙伴在一起,跟着做出一些平时不敢做的事,耳濡目染,慢慢得到锻炼。

3. 不当众揭孩子的短。

父母尤其要注意保护孩子的自尊心。如果当众揭孩子的短,会损伤孩子的尊严,无形中的不良刺激可强化孩子的弱点。

4. 让孩子大胆说话。

首先,父母不要急躁,不能打骂、责备、逼迫孩子说话;其次,可以邀请一些同龄小孩和性格软弱者一起参与集体活动,这时父母在一旁引导或干脆回避。

孩子任性、蛮横难管，我该怎么办？

"我是一位独生子的母亲，自从6年前离婚以后，我就和孩子相依为命，一心想把他培养成才，为我争口气。也许是我太娇惯他了，这孩子玩世不恭、唯我独尊、霸道专横、经常逃学、为所欲为、十分任性。请问，我该怎么样才能使孩子走上正路？"这是新疆的一位家长反映的。

据她所反映的迹象表明，她的孩子也许属于反社会性人格违常。它和被动攻击型人格违常是不同的，后者的行为多具破坏性、不合作性，在人际关系中处于被动的地位。而反社会性人格违常者的反社会性行为，往往是主动的而不是被动的，如她儿子的玩世不恭、唯我独尊、任性、逃学等行为，都属于主动的反社会性行为。

孩子从小到大，在个性心理发展上要经历几个阶段，就幼儿时期来说，会出现不听话、坚持自己主张等现象。实际上，孩子在这个时期表现为好强、任性是正常的。作为家长要了解孩子这个时期的特征，因势利导，给予正确的教育。

一般情形下，具有这种性格的人常对自己的错误行为不自知，而且即使知道错了，也无法管制住自己的行为。他们大多比较任性、狂妄、自以为是，并且常常出现偷窃、离家出走、交不良朋友等坏的行为。一位被孩子的偷窃行为折磨得非常苦恼的家长说:"我是服装个体户,这几年来挣钱不少,我的儿子在同学中堪称'大款',从不缺少零花钱。可令人费解的是,他却常常偷别人的钢笔、本子、橡皮等不值钱的小东西,问他为什么要偷,他满不在乎地回答'好玩呗',你说气人不气人!"我想,如果这位家长能看到儿子偷窃行为背后的心理疾病,那就不仅是生气,而且会忧心忡忡、坐卧不安了。须知,少年儿童的种种不良行动,往往都与不健康的心理因素有关,只是许多家长忽视了这位"心理杀手"罢了。和被动攻击型人格违常一样,反社会性人格违常也是由许多原因引起的。在这里,选几种常见的、比较重要的原因来加以论述。

家庭生活环境不好。调查表明,家庭生活环境的好坏,对少年的人格形成影响很大,尤其是那些从小丧父丧母、父母双亡、双亲离异的家庭,少年更是容易产生反社会性人格。正如刘庆鸿的儿子,由于父母离异,母亲与他相依为命,很可能给了他过多的母爱,对他过分地娇宠,使他一意孤行、玩世不恭,不把家长、老师放在眼里,想干什么就干什么。因为在孩子的心中,认为失去父亲是一种损失、一种耻辱,生怕别人瞧不起自己。越是这样想,便越要寻求一种补偿。于是,他便靠种种反社会性的行为来补偿自己。

得不到家庭温暖和成年人的爱护。有的家庭虽然完好无损,但是家长因忙于工作,很少关心孩子,使孩子觉得大家都在冷淡他、忽略他。然而,他内心又渴求关怀和爱护,为了引人注目,他只好采取偏激行为。像前面那位个体户的孩子,就是由于得不到家庭温暖而去偷窃的,尽管他家里很有钱,他仍然要用这种行为来引起他人的注意。

得不到老师的理解、关怀。老师喜欢好学生,这是很正常的,但对表现较差的学生,则不应嫌弃。如果差生受到冷落,得不到老师的理解和爱护,目睹老师对好学生关怀备至,就会失去心理平衡,便有意捣乱、逃学,想以此表现自己的存在,引起老师的关注。

得不到同学的友谊。青春期少年渴望交朋结友,如果得不到友谊,就可能采取反常行为,以此发泄内心的孤独、痛苦。

自卑心理。和被动人格一样,严重自卑可能转向自负、自傲,这种人常以表面的有恃无恐、任性、横蛮来掩饰内心的自卑。

对上述心理疾病,目前医学上、心理学上还没有有效的治疗手段,注意以下几点,或许对缓解病情有帮助。

不要太多地责难孩子。如果家长过多地责备他们、训斥他们,会使他们脆弱的神经受不了,从而采取更加反社会性的行动,甚至走上违法犯罪的道路。

多给孩子关心、爱护,让孩子知道您一直在关怀他的成长。哪怕工作再忙,也不要忽略对孩子的关心。为人父母,关心子女不仅是"分内工作",而且是不可推卸的社会责任。

不要娇宠孩子。现在的少年,以独生子女居多,标准化的"四二一"家庭,很容易纵容孩子骄横跋扈、不讲道理。所以,关心孩子不等于娇惯孩子,家长应该掌握好爱的尺度。

和学校、老师取得联系。少年主要的生活场所是家庭和学校,他们一天中的主要时间是在学校与老师、同学一起度过的,所以,家长可以和老师联系,取得老师的帮助,让老师协助您矫正孩子的心理疾病。

鼓励孩子交同龄朋友,包括异性朋友。有时候,同伴的话甚至比家长、老师的话管用得多,而且,孩子交上朋友以后,可以在朋友那里获得友谊、关心和爱护,这将有利于缓解他们的反社会性行为。另外,有些家长不允许孩子交异性朋友,生怕孩子早恋。其实,从异性朋友那里获得的友谊,有时更能激发孩子的进取精神。只要分清友谊和恋爱的界限,让孩子和异性伙伴交往,没有什么坏处。

还请注意三点:1.了解原因,讲清道理。2.切莫打骂孩子。3.不应当众批评孩子。

孩子爱吹嘘，怎么办？

"我的女儿总是爱说大话，经常向人家胡乱吹嘘，甚至情不自禁地说假话。比如，她对邻居说她的物理成绩特别棒，曾在老家获过全市物理竞赛第一名。结果，当我与邻居聊天谈起她的物理成绩特别差时，邻居吃惊地问我：'您女儿不是得过物理竞赛第一名吗？'我被问得丈二和尚摸不着头脑。请问，她为什么总爱吹嘘、说大话？用什么办法可以改正她的坏毛病？"

孩子爱吹嘘自己的主要原因是虚荣心太强。这是青春期少年比较容易产生的一种心理障碍。

所谓虚荣，就是追求虚假的、事实上不存在的荣誉。虚荣心有各种不同的表现形式，但根本目的大体相同，即否定现实中的真"我"，编造出一个幻想中的假"我"，从而抬高"我"的身价，使别人对自己刮目相看，受到别人尊重。这种自欺欺人的心理障碍，往往与自卑和自负同时存在，对青少年健康心理的培养有害无益。

心理学认为，人进入青春期后，儿童时代比较稳定、笼统的"自我"概念逐步淡化，随之而来的"我"被分裂成两个，一个为主体的我，即"理想中的我"，一个为客体的我，即"现实中的我"。由于青少年自我认识、评价的能力不够，为了表现自我，获得他人尊重，往往会自觉或不自觉地淡化"现实中的我",强化"理想中的我",出于生怕被别人看不起的自卑心理,使用"假我"来掩盖"真我",于是便形成追求虚荣的心理障碍,产生信口开河、胡乱吹嘘的不良行为。

在青少年身上,虚荣心理多表现为下列几个方面:

1. 讲派头,充"大款"。

吃高档零食、穿名牌服装、用进口文具、玩新奇玩具都是追求虚荣的一种表现。有的同学虽然家境不好,却宁可吃咸菜,也要穿名牌,打肿脸充胖子。这种表现就是虚荣心在作祟。

2. 撒谎说大话。

像本节开篇提到的孩子那样总是在别人面前吹嘘自己和家人,就是虚荣心的表现。这是由于她不满足自己的现状,因此用撒谎、吹嘘来夸大自己,以满足虚荣心。

3. 争强好胜。

有一位少年特别好强,做事情总想拔尖儿。如果下棋或打牌输了,就和人家吵闹不休,争得脸红脖子粗。这种表现也是虚荣心使然,是希望自己以强者、胜利者的姿态出现在众人面前,受到众人的瞩目。

4. 爱听赞扬的话。

有的少年听不得批评,只想听好话,谁批评他他就跟谁反目成"仇",这也是虚荣心在作怪。

5. 嫉妒别人的才能。

嫉妒也是由虚荣心转化而来的,因为自己不如别人,得不到所需要的那种尊重,就转而嫉恨别人的才能。

虚荣心的表现还有许多,在这里就不一一列举了。

也许,每个人都或多或少地有点儿虚荣心,这是正常的。因为大多数人都渴望自己被人尊重、被人敬仰,都希望自己能做得更好、更理想。但是,如果虚荣心太重,就会影响心理健康,影响正常的学习和生活。仔细观察,你会发现虚荣心太重的人活得非常累。这是由于他们不能展示真实的自己,不能按自己的本来面目生活,而需要在别人面前乔装打扮、抬高自己。另外,有虚荣心的人虽然在别人面前显得"自信",但他们心里并不轻松,尤其在一个人独处时,便会感到更加自卑。因为他们更明白自己的真相,他们骗不了自己。真相和假象的反差很易使少年内心空虚、失落,最终导致心理颓废。

您想帮助孩子改正爱吹嘘的毛病,首先要分析孩子的心理,了解她为什么会产生虚荣心,然后再按以下的建议去做,或许能收到一定效果。

1. 教会孩子客观评价自己。

虚荣心太重的孩子要么过于自尊,要么过于自卑,总是不能客观地正视自己。所以,您要教会孩子别欺骗自己,要正确对待自己的缺陷,同时又要看到自己的优点。

2. 教会孩子正确对待名誉。

虚荣的一种表现就是沽名钓誉,喜欢追求表面上的东西。家长要帮助孩子正确认识自己,不能以华而不实的东西作为追求的目标。有的家长总是问孩子:"人家都当上了班长,你怎么啥也不是?"类似的问题都有可能使孩子内心充满失败感,因自卑而追求虚荣。

3. 在孩子说谎的时候,家长一定要加强教育。

因为虚荣的常见表现就是说谎。

如何改变孩子的依赖性?

依赖性强的孩子往往表现得没有主见、缺乏自信,总觉得自己能力不足,做什么事情都要询问别人。遇到事情总想依赖父母、老师或同学,总希望他们能为自己做出决定,不敢独立负责。如果失去了可以依赖的人,他们常常不知所措。

孩子依赖性过强,如果得不到及时的纠正,那么发展下去危害很大。依赖性过强的人,可能对正常的生活、工作都感到很吃力,内心缺乏安全感,很容易产生焦虑和抑郁等情绪反应,影响身心健康。如何矫正这一不良性格呢?以下提出几种建议:

1. 培养自信心。

大多依赖性强的孩子对自己不太自信,遇到问题时自己无法做决定,犹犹豫豫,只好请求家长或老师、同学帮忙。所以。培养孩子的自信心十分重要。

2. 加强与父母交流。

应多与父母交流沟通;让他们知道,这样的教育方式不仅桎梏独立性与创造性,丧失自尊心和自信心,也不利于身心健康,应该适度放手。

3. 寻找独立锻炼的机会。

如在学校中主动要求担任一些班级工作,以增强主人翁的意识,使我们有机会去面对问题,能够独立地拿主意、想办法,增强自己独立的信心。在家里,要有意识地培养自己的生活自理能力和独立性。帮助父母做一些家务活,自己的一些事情要先自己想一想,遇到实在解决不了的问题再向父母求助。

4. 多向身边的人学习。

青少年时期同伴的作用有时甚于父母的影响。因此我们可以在老师的帮助下,与独立性较强的同学交往,观察他们是如何独立处理自己的一些问题的,向他们学习。同伴良好的榜样作用可以激发他们的独立意识,改掉依赖性强的坏毛病。

还要强调一句,一定要让孩子自理能力得到强化,独立自主地做好自己的事情。

如何发现和培养孩子的兴趣？

孩子小的时候似乎对什么都有兴趣，可是学什么都是一阵风，看人家学自己也跟着学，就是兴趣很难持久，家长也很为难，对孩子的兴趣如何发现又如何培养呢？

利用直接兴趣培养间接兴趣，是培养孩子兴趣的有效途径。培养孩子兴趣，让孩子掌握多方面的知识，这样才能有效地发展智力。孩子兴趣的持久性，是掌握知识、开发智力的必要条件。只有培养孩子的学习兴趣，才能不断积累知识，才能促使智力发展。兴趣分为消极兴趣和积极兴趣。消极兴趣是学习的障碍，能腐蚀孩子的心灵。积极兴趣才是促进孩子勤奋向上、健康成长的有利因素。

教育家认为，如果孩子的兴趣和热情一开始就得到顺利发展的话，大多数孩子将会成为天才。

发现和培养孩子的兴趣，要注意以下几个方面：

1. 家长需要在心灵上，而不仅仅是在表面上贴近孩子。

家长与孩子一起游戏、活动，不仅可以促进家长与孩子之间的亲子关系，还可以帮助家长了解、发现孩子的兴趣。孩子在积极主动的活动中，他们的表现最自然，求知欲望更强烈，在这个时候，我们会比较容易地发现孩子的兴趣，了解孩子需要怎样的教育和引导。

2. 培养孩子的兴趣要注重他们的个性。

有个女孩子性格内向,平时不爱说话,不善表达自己的思想。她的妈妈常与孩子一起做游戏,在每次活动中,她的妈妈发现她会把自己身边的变化用绘画的方式表现出来。于是她的妈妈就特别注重对她绘画能力的培养,最终使她在绘画方面取得了很好的成绩。

3. 发展孩子的兴趣不能赶时髦。

随着社会经济的逐步发展,家庭物质条件的改善,很多家长有能力甚至不惜一切来满足孩子物质上的需要,吃好、穿好自不必说,学习上的投入可谓出手大方。上这个辅导班,赶那个培训班,弄得孩子身心疲惫、苦不堪言。许多家长省吃俭用买来钢琴后来成了摆设。很多经验表明,8岁以前接触电脑,对儿童的眼睛有伤害。学习外语必须是在9—11岁,当儿童的母语能够完全自由表达以后才合适。就拿幼儿识字来说,小孩子连基本的偏旁结构都不懂,写字也只是在"画"字,而真正到了上学年龄,反而养成不良习惯而不得不长时间纠正。有的孩子甚至掉以轻心,学习上半生不熟,到高年级出现厌学情绪,实则是幼年时期造成的影响。孩子在什么年龄阶段就应该做他们那个年龄段的事,至于学习书本知识,未来有的是时间,不要急于一时。家长能够做的,是多花时间陪伴孩子,让孩子充满幻想地到大自然这个蕴含无穷奥妙的课堂中用童心去体验、感受生活。

怎样培养孩子良好的情感？

情感建立在需要的基础上，需要得到满足，会产生愉快的情感，和谐、欢乐、团结的生活环境是健康情感的重要条件，将爱与合理要求相结合，不仅使儿童充分得到爱，而且也能制止不合理的要求。增长知识、提高认识，能培养深厚的感情基础。情感总是伴随认识而产生和发生，只有对某种事物的了解和认识比较深刻，产生的情感才会深刻。如：对家长、老师的爱是建立在对家长、老师的认识基础之上的。没有认识基础的情感，就会失去理智，从而会干出愚蠢的事情来。孩子知识贫乏、经验少、辨别是非能力差，容易感情用事。在学习知识的基础上培养相应的爱、憎、好、恶的情感，消除消极情感及其副作用。成人的情感对儿童影响极大，成人要用健康、积极的情感去影响儿童，要消除消极情感对幼儿的腐蚀。培养和保护孩子的好奇心，引导他们去探索、去理智地思考，促进智力发展。

一次，一位家长送孩子上幼儿园，路旁有块草坪，为了走捷径，他准备从那里走过去，孩子马上大叫起来："爸爸，小草也有生命，踩上去就把它压死了。"其实那时草还没有完全长出来，家长听孩子这么一说，心头一震："好吧，咱们绕着走。"

有时候我们大人不经意的行为在孩子的眼中却是那么正误

分明。

大自然是培养孩子童心的最好课堂,春天的花、夏天的叶、秋天的果、冬天的雪都能启迪孩子的灵性。牛顿在其童年自述中写道:"幸运的是,作为一个天真的孩子,我的天性里还有着对大自然的无限热爱。我在伍尔索普的田园风光中与小鸟、蝴蝶嬉戏,聆听蟋蟀的歌声,采摘春日最美丽的花朵,大自然赋予了我非凡的灵性和才智。"情感是建立在具体的孩子能够认识的事物上的。孩子的情感培养要从他们可以触及和理解的东西上着手,假如要培养"爱"就必须从他们身边及周围的人和事物开始,爱花草、爱动物、爱自己的父母、爱玩伴等等,如果大而全地要求他爱祖国、爱人民恐怕就是口号了。

让孩子亲近父母、亲近大自然都是在培养孩子良好的情感。平时和孩子说话注意分寸、注意方法都是对孩子良好的情感教育的体现。

怎样培养孩子良好的性格？

要从小培养孩子良好的性格，家长首先要以身作则，要以自己良好的个性、情操去感染孩子，影响孩子。而对自己不良的性格要善于控制和纠正，千万不要让孩子从自己的坏脾气、坏习惯中受到感染。如果家长动不动就发脾气，那么孩子的性格就变得急躁易怒。如果家长在困难面前常常显得胆小怯懦，那么孩子就不易形成坚强的性格。心理工作者经过调查发现，家长对孩子的管教态度和教育方法不同，也会直接影响孩子的性格特征和心理品质。

例如：家长对孩子过分地照顾和保护，不放手让孩子自己去独立生活，孩子的性格多半消极、依赖、缺乏独立性和忍耐力，不适应集体生活，遇事胆小、优柔寡断；如果家长对孩子缺乏抚爱，对孩子冷淡，置之不理，孩子的性格就会变得冷淡、缺乏热情，甚至形成压抑、怪僻的性格；家长对孩子过于迁就、过于溺爱，孩子的性格特征大多表现为骄傲、放肆、任性、懒惰，有时表现为自私、不关心别人；如果家长对孩子过分严厉，孩子一般缺乏自尊心，甚至还会形成当面一套背后一套的虚伪性格；如果家长对孩子采取爱而不娇、严格而又民主的态度，孩子性格特征大多表现为热情、直率、活泼、独立、大胆、自信，既不屈服权威又尊重别人。

培养孩子坚毅乐观的性格,家长要做到:

1.家长对人生、生活、挫折等要有正确的观念、承受心理及应对良策。即使面临极大的困难,也不要在孩子面前出现一副唉声叹气、无能为力的样子。如果事情直接关系到孩子,需要孩子一起来面对困难,父母也应给孩子一种克服困难的信念。

2.父母对小孩的举止、行为不要太苛刻。

3.建立一个可行的计划,树立一个实际的目标,让孩子自己努力去实现。切记少用或不用否定性、伤害孩子积极性和自尊心的批评。即使孩子真的犯了错误,父母在客观上分析、指正之后,要教给他正确的方法。对孩子来说,生活就是游戏,游戏就是生活,开心游戏,孩子不仅心情好,感到满足、充实、幸福,还会在与小伙伴的群体游戏中学会怎样理解、观察,怎么模仿、发挥,如何调整自己的行为,成为群体生活中一个不可缺少的角色。

对性格软弱孩子的纠正,可从以下几方面着手:让孩子学会生活,把握自己;让孩子接触同伴,锻炼自己;尊重孩子,不当众揭孩子的短;让孩子大胆地说话。

怎样培养孩子健全的人格？

有父母常常这样感叹："我的孩子长得文静、漂亮，而且从上学开始，学习都很好，老师和同学们都很喜欢她，但上了初中后，就发现她和以前不一样了。在家里，有一点小事不如意，就又哭又闹，在学校，与同学相处也不好，关系也越来越紧张。她为什么变成了这样？"

其实，孩子出现这种状况多是父母造成的。父母在孩子小时候只注意孩子的智力开发，一开始上学，由于成绩好，老师、父母百般照顾，尽力为其创造好的条件，这使孩子的适应能力越来越差，在学校无法与同学正常相处，缺乏正确处理与同学间关系的能力，自己过得也不轻松，于是就感到心烦意乱、焦躁不安。

人格是从小在父母的培养教育下，在对周围环境的适应和感悟中一点点形成的。孩子小的时候，一般会按大人的意志行事，但是到了初中、高中，先前形成的习惯性就慢慢显露出来。

所以，父母在教育孩子的过程中，一定要注意培养孩子健全的人格。

1. 父母自身要多学习科学培养和教育的方法，要清楚自己身上存在的缺点和不健全的地方，尽量改正，不要影响下一代。

2. 从小不要对孩子娇生惯养，不对孩子做无原则的让步。让孩子渐渐学会控制自己的欲望，但对孩子的合理要求不要拒绝。

3. 多让孩子与同龄的朋友在一起，在交往中学会与人相处。

4. 不要老是强迫孩子做这学那，一定要让孩子有自己的活动时间，让孩子自己去做他喜欢的事，父母不要陪，使孩子有人性的自由发展和宣泄的空间。

5. 随着孩子的成长，凡是孩子能做的事尽量让他自己做，如整理自己衣物、帮大人忙等。

6. 从小培养孩子的责任感，该他负责的事，让他做，做错了自己负责。父母可以提建议，但不能代替。

7. 让孩子从小就能经受困难和挫折的考验。

8. 经常带孩子到野外或朋友家活动，尤其是与同龄孩子一起活动，这对孩子健康成长非常有利。

怎样培养孩子的抗挫折能力？

人的一生不可能一帆风顺，有时甚至会遇到很大的挫折，如何应对这些挫折家长要让孩子上好这一课。

1. 正确认识挫折。

让孩子认识到，挫折具有普遍性，挫折也是生活的组成部分，每个人都会遇到。面对挫折，能做到不灰心、不低头、不后退、坚忍不拔、敢于向挫折挑战，把挫折当作进步的阶石、成功的起点，从而不断取得进步。

2. 寻找正确的原因。

有的人把成功归功于自己能力强和勤奋努力；而有的人却把成功的原因归结为自身运气好、任务容易等外部因素，而把失败归结为自己的无能。家长对孩子进行训练时，要使他们习惯于查找个人内部的原因，将其学习、生活的成败归因于自己的努力与能力，从而提高其争取成功的积极性。

3. 换个角度来看自己的挫折。

生活犹如一面镜子，你对它笑，它就对你笑；你对它哭，它也对你哭。如果我们以喜悦的态度微笑着对待生活，生活就会"笑"对我们。

4. 调节抱负水平。

对抱负水平的调节,应注意两种倾向:一种是自信心不足,对成功不抱希望,自暴自弃。这种孩子要帮助他们体验到成功的愉悦,促使他们再获成功的期望。另一种表现为盲目自信,自我评价过高,要帮助这类孩子客观地剖析自己,把目标摆在既有一定难度,又可能达到的水平上。

5. 找出榜样人物。

让孩子找一个自己最羡慕、最敬仰的人,了解他们生平遇到过哪些挫折,付出过什么样的代价,向榜样学习。

6. 培养某方面的兴趣。

让孩子在自己的优点、兴趣中,找一样来加以特别培养、发展,使之成为自己的专长。有了专长,就有机会施展,从而增加自信心。

7. 肯定自己的能力。

让孩子每天找出几件自己做成功的事。成功可以是上学路上的一路畅通,作业完成得非常顺利,等等。知道自己能把事情做好,就是对自己能力的肯定。

8. 发现自己的优点。

鼓励孩子花一点时间去发掘自己的优点,然后逐点用笔记下来。优点可以是个人专长、曾经做过什么有益的事情、什么人如何称赞过你等。

怎样培养孩子的意志力？

树立正确的学习目标，才有不断进取的精神。

人们干任何事情都有一定的目的，也就是起因，为达到目的，去选择方法和手段，积极地活动，这称为动机。目标的长短，对孩子起作用的大小不一样。目标长远则动力作用大；目标短小，产生的动力则小，像人走路一样，预定走十里，走到七八里时就会感到累，预定走一百里，走了几十里才会觉得累。当然孩子还小，一下子达不到太高的目标，做家长的眼光要放远些。崇高的目标，从近处着手，逐步培养，引导孩子向目标奋进。家长要想将学习目标变成孩子的志向，应做到以下几个方面：目标一经制定，要严加督促，严格执行，决不妥协；将活动坚持到底，鼓励孩子克服困难，实现目标；教会孩子自我锻炼意志的方法，并为孩子树立榜样；让孩子参与检查和评价自己的行为和意志。

有这样一个实验，选一些智商超常的幼儿，给他们一块糖，说：现在吃就给一块，如果能忍耐一小时后再吃，可以再奖励一块。跟踪调查的结果是能忍耐的孩子成功率大大高于不能忍耐的孩子。怎样培养忍耐力呢？孩子急于喝奶时，不要马上满足他，让他哭一会儿，一边慢慢和他说话，一边拍他的后背，然后再给他吃，忍耐时间逐渐加长,从几秒钟到几分钟。对每次都把零花钱很快花光的孩子,家长可以说:"如果你能忍住一星期不花零花钱,下周可以加倍给你,这样你可以攒起来买你需要的大东西了。"孩子遇到了困难,家长不要马上给他帮助,而是鼓励他坚持一下,忍受挫折带来的不愉快,很快就会成功的,培养适应能力。有的家长很少让孩子出门,担心这担心那,孩子看到生人就哭,长大后就易敏感、退缩。孩子离开母体后需要适应新环境,不给孩子机会,他的适应能力是不会自然萌发的。

要培养孩子的意志力,第一,要让孩子置身于活动之中,需要从具体的事情开始。家长布置孩子的任务要明确,并要指导孩子按照预定的目的和计划一步一步地完成任务。对完成任务好的要给予鼓励和表扬,对他们的意志行为要进行强化,使其逐渐形成意志的自觉性。第二,从培养良好的习惯出发。培养孩子的行为习惯要从小事做起,如遵守作息时间、按时完成作业、做完作业后收拾书包、自己收拾房间等。第三,培养孩子在困难面前不害怕的品质。意志活动常常和困难在一起,因为常常只有遇到困难时才需要更多的努力。家长在培养孩子意志力的活动中,可以设计稍微有点困难的活动。如果太容易,孩子就不需要付出什么努力,对意志的培养当然没有什么好处。如果太难,不符合孩子的心理发展水平,就很容易使孩子受挫。第四,父母要做榜样。在自己面对一些困难的时候,不要那么容易就声言放弃,因为你的一言一行都在影响着你的孩子。

孩子的意志力关乎他未来的成长,从孩子很小的时候就要注意培养吃苦耐劳的品质和自理自立的精神,要不然长大后,就害怕吃苦,经不起挫折。

为了孩子,我们该怎么办?

你折断了我的翅膀,却还责怪我不会飞翔。没有做不成的事,只有不努力的人!

很多人都看过这样一部电影《妈妈再爱我一次》,无数人为之挥泪,《世上只有妈妈好》的主题歌响彻大江南北,我们深切地体会到,每一个孩子的健康成长都离不开父母的爱。但是我们在给孩子创造良好的生活学习条件的同时,家长有没有想过要正确地给孩子爱呢?

为了孩子,我们该怎么办?

在野生动物园里,有两匹马迎面跑来……

一模一样,毛色个头都差不多,你知道谁是母亲、谁是孩子吗?如果你拿起一把嫩绿的小草向它们扔过去,这时两匹马立刻上前。

一匹马津津有味地吃着,而另一匹呢,只是舔着草而不吃,看着那匹吃的马……很显然吃草的是孩子。

非洲的大草原上,迎面而来了一模一样的两头狮子,一样颜色的鬃毛,英勇无比,威风凛凛的。你知道这对父子,谁是父亲吗?

如果你扔过去一块牛肉,这两头狮子会拼命地厮打一番,争夺牛肉,最终,一头狮子被另一头狮子打出了10米开外的距离,那头狮子可怜兮兮地在一旁看着另外一头狮子享受着美食。

我们知道在吃着牛肉的是父亲。为什么和那两匹马不一样？因为狮子所处的环境要求狮子必须在很小的时候就学到过硬的本领，否则将来会因为没有本领而被饿死。

说我们现在的孩子不懂得爱，这话说重了，哪一个父母不爱孩子？关键是做父母的怎样正确地给予爱。

19 岁的美国青年维尔本伪造母亲签名，冒领 1600 美元被起诉，判 2 年徒刑，因为态度好被缓期执行。他的老师提议在宣布判刑时在法庭上增加一条对维尔本现场教育的内容，法官采纳了这一意见，增加了一条附加处罚，要求维尔本当庭朗读著名诗人吉卜林的名诗《我的妈妈》——

假如我被悬于高峻的山崖，
我知道谁的爱仍会随我飞向天涯。
噢，妈妈，我的妈妈。
假如我被打入地狱，身首异处，
我知道谁还会不断祈祷为我祝福。
噢，妈妈，我的妈妈……

当维尔本声泪俱下地朗读这首诗的时候，感动了多少在场的观众啊！维尔本的行为是多么让母亲伤心，但他的表现让母亲明白，儿子已经认识了自己的过错，这是一个多么有创意而又富有爱心的方法！

作为父母，都会把孩子视为掌上明珠，但要正确运用爱却是一种方法的体现。布拉格当年考上英国皇家学院,因为家里太穷,除了穿了一身破衣服以外,还穿了一双与他的脚很不相称的皮鞋,很多同学都讥讽他说这鞋是他偷来的。校长找他谈话,他掏出一封一直揣在怀里父亲写给他的信,信的内容很简单,却是一个父亲博大的情怀和对孩子真诚的爱:"布拉格,我亲爱的孩子,爸爸对不起你,我没有任何能力让你过上好的日子。但我的心中有一个希望,有那么一天,我的布拉格成功的时候,我会十分骄傲。因为我的布拉格是穿着我的破皮鞋而成功的!"布拉格正是带着这封信一直走向诺贝尔的领奖台的。

对孩子倾注爱心并不需要多少金钱或是精力,有的时候一个细节、一点行动都会给孩子带来丝丝的暖意和不竭的动力。

我曾看见这样一封信。

小霞:

　　来信收到了,我和你妈都很高兴,我不会写信,就说几句话。1.邮去200块钱,先用着,过两天卖了豆子再给你邮。2.别太仔细了,一定要吃饱了,身体重要。3.买件漂亮的衣裳,别太土气了,叫同学瞧不起。天凉了,多穿点,你过去老爱感冒,得学会照顾自己了。4.抽空学学电脑,听说那玩意儿神着呢,以后不会用可不行。5.别管毕业包不包分配,先学好本事,有本事就不愁找工作。6.还是常说的那句话——咱跟人家比别的不行,只能比学习。7.有空多给家里写封信,说说大学里的新鲜事儿。

父亲

没有日期,落款是两个字:父亲。

就是这样一封信激励着孩子不倦地学习、认真地做人。

现实又告诉我们,生活中有不少孩子不懂爱,其实不是孩子不懂爱,问题是家长在他们很小的时候没有教孩子如何爱。

一位从名牌大学毕业的大学生,到一家效益很好的大公司应聘,他背了一大包的证件和各类证书。公司老总什么也没看,却问:"你替父亲洗过澡、擦过身吗?"大学生老老实实地回答:"没有。"老总又问:"你给你的父母捶过背吗?"大学生说:"小时候曾给妈妈捶过一次,但后来学习忙就没有了。"老总说:"你回去,今天回家给父母做件事,明天再来吧。"

大学生在回家的路上,心里很不平静,父亲在自己很小的时候就去世了,以至于自己至今竟然没能给父亲做过一件事,母亲为了让自己上大学,从乡下来到城市,给别人当保姆,挣钱供自己上学……他越想越难过,决定晚上给母亲洗一次脚。

晚上,他烧好了热水,在租来的小屋子里,等母亲回来。左等右等,快到11点了,母亲才在寒风中归来。在外面劳累了一天的母亲,进门就瘫坐在门旁的破凳子上,她真的太累了。

大学生来到母亲跟前:"妈妈,我帮你洗一次脚吧!"母亲生气地说:"我还没老呢,还能供你上研究生。"大学生眼圈红了,难过地说出缘由。大学生拿来木盆,倒好水来到母亲面前,弯腰脱去母亲的鞋子、袜子,把母亲的脚放进盆里。当他用手握住母亲的脚时,发现母亲的脚像木棒一样,不由得搂着母亲的脚哭了。他深深地感到,自己心安理得地花着的钱都是母亲辛勤的血汗钱,自己读了十几年的书,竟然没有这次受的教育深!

第二天,这位大学生再去那家公司,对老总说:"谢谢你,如果不是你的指点,我从来没有摸过母亲的脚,我要好好照顾母亲。"

老总点点头说:"你明天就来上班吧。"

洗了一次脚教育了一个大学生,实际上是在让孩子懂得爱。

家长如何对孩子说"不"?

儿童心理学研究表明,当孩子提出不合理的要求时,家长说"不"比迁就孩子更有影响力。随便对孩子说"可以"是冷漠与放纵,而酌情说"不行"才是真正的关心与爱护。对孩子说"不"尽管会招致孩子的大哭大闹,但孩子在反抗的同时能意识到父母的尊严和权威。当然,对孩子说"不"并非意味着回归旧传统(对孩子实施斥责、打骂的专制式管理),而是父母与孩子之间通过矛盾对立最终达成共识,使孩子学会分辨是非。那么,家长该如何对孩子说"不"呢?一般来说,应注意以下几点:

1. 不要与孩子讨价还价。

许多家长习惯说"吃不完饭就不许看动画片",这对孩子的影响其实很坏,因为孩子会效仿家长动不动就讲条件。也不要对孩子说"这样爸爸、妈妈会高兴的"之类的话,孩子为讨父母的欢心可能会撒谎或干出其他的蠢事。

2. 不能对孩子施以报复。

有些家长常说"你不听我的话,我也不满足你的要求",家长会因此而失去尊严,并诱发孩子产生报复心理。

3. 父母双方要保持一致。

当父母一方拒绝孩子的要求有不合理的地方时,另一方不要当着孩子的面反驳,否则容易养成孩子在父母双方之间投机取巧的不良习惯。

4. 向孩子讲明拒绝的理由。

家长对孩子说"不行"之后,要耐心向孩子解释拒绝的理由,让孩子明白"不行"的道理。

5. 某些生活小事可与孩子共同商讨。

比如,孩子日常生活作息时间的安排可征求孩子的意见,但家长必须掌握主动权,不能与孩子无休止地讨价还价。

6. 令行禁止。

如果说"不"后家长又对孩子做出妥协或让步,这不仅会使家长失去在孩子面前的威信,还会使孩子沾染上不守信用的习气。

工作忙，没时间教育孩子，怎么办？

为了"生计"、为了"工作"、为了"事业"，我们做家长的整日地奔波、整日地忙碌、整日地行进在事务之中，一句话，"我们忙！"。换句话说，谁不忙？可是，静下心来想一想，这个"忙"字是怎么写的？是"盲目"的"盲"，没有了方向，在盲目地干，还是"迷茫""渺茫"的"茫"？孩子将来没出息也就罢了，要是再走到偏道上了，那可真是渺茫了。如果还是一味地强调忙，没时间顾上自己的孩子，就需要家长认真地看一看，"忙"是怎么写的了。"忙"原来是竖心旁有个"亡"——心死了！家庭教育要的就是这颗"心"。没有了心，孩子都不要了，还要什么？

所以说，无论多么忙、怎样忙，无论如何在教育孩子方面都要挤出时间。

教育孩子在于平时的关爱。如果家长和孩子在一起生活，不要等到孩子有问题请教的时候才过问，也不要等孩子出了什么问题的时候再来关注，而是一定要注重平时。有一点时间就可以和孩子交流，也可与孩子一起做游戏、走亲访友。在生活的时时刻刻、点点滴滴给孩子以关爱，体现亲情，与家长多沟通、多谈心的孩子不孤独、不冷漠。

特殊时期要给孩子更多的关心和爱。孩子遇到烦心事,遇到困难,遇到想不开的事情,甚至是成绩考得差的时候,都需要家长给予安慰、理解、帮助。一些在外地工作不能和孩子在一起生活的家长更不要以距离远而忽视了孩子。家长要坚持每天给孩子打个电话,做不到每天,一定不要一周都没有一点音讯。家长也可以创造多种机会与孩子交流,比如写信、发电子邮件、QQ聊天,有条件的最好还是经常回家与孩子团聚。不要认为现在打电话、回家需要花费钱,要知道将来孩子走了弯路可就要花大钱了。

家长关心孩子不能在有限的时间里只打听孩子的成绩,还要关心孩子的心理,注重对孩子品德行为的教育和影响。沟通时还要注重方式方法,尤其是处于青春期的孩子,家长还要掌握一定的交流艺术,否则可能适得其反。沟通交流时忌讳一张口就讲考试,就谈分数,就讲少花钱,也不要孩子只要一片树叶,你给人家一棵大树。

时间是有的,关键看是不是有"心"。

如何帮助女儿走出情绪的低谷？

湖南的一位家长提出一个问题，他的女儿今年 14 岁，最近几天回家发现她总是闷闷不乐，问她她就哭，后来才明白，在学校的一次测验中，女儿因为粗心做错了不该错的题，被老师点名批评。女儿已经很为自己的过失而自责了，老师又当着全班同学的面批评她，女儿觉得丢脸，接受不了，该怎么办？

他女儿的问题虽然很具体，却带有一定的普遍性。现在的孩子一般在十二三岁就已经开始进入青春期，特别是女孩子开始注意自己的形象，很注重老师和同学对自己的评价，猛一遇到这种情况，自然会难以接受，自尊心受不了。这时父母应给予理解和帮助，进行正确的心理疏导，才不至于影响孩子今后的学习和生活。

采取怎样一种处理方法，我们不妨设想一下：如果顺着孩子的心思，认为老师太过分了，甚至找老师评理，可能会使孩子心里好受些；但是这样做的后果是消极的，不但没有帮助孩子认识缺点，反而影响了学生和老师的正常关系。如果一味地责备孩子，认为她是自作自受，这样只能使孩子的心理负担更重，不但没有增强孩子抗挫折的能力，反而加重了她的挫折感。如果持无所谓、不闻不问的态度，孩子很可能仍然不重视认真写作业，反而认为老师小题大做。

这几种做法都不利于帮助孩子正确认识和改正缺点、战胜挫折。

首先,家长可以给她讲一些自己小时候发生的类似的事情,这样做可以让她知道人无完人,人人都有犯错误的时候,借此平衡她的心理,把她从深深的自卑、自责中拉出来。然后,再通过几个可答可不答的问题来引导她深入认识,如"假如你是班主任,你对学生会是什么样的态度"等。在与女儿的谈话中,态度要像朋友一样,相信她对这件事情会有一个正确的认识并增强承受挫折的能力。

其次,孩子过度自责会极大地压抑他们的发展能力,扼杀他们的创造性,扑灭他们天真的天性,打击他们的自尊和自信,造成心理上的不平衡。同时,心理上长期的不平衡状态可能会对孩子身心健康造成伤害。

如果发现孩子过度自责,家长应该立即调整对孩子的期望值和要求。家长还应该学会通过评价过程来肯定孩子的努力。对于处在发展过程中的孩子来讲,努力的过程比努力的结果更重要。因为结果的好坏受到很多因素的影响,而努力的过程却能充分反映出孩子的意志、品质、品德、合作精神等多方面的优点。

怎样帮助孩子找到快乐？

怎样才能让孩子经常快乐呢？

首先，父母要注意培养孩子对快乐的体验。在每一件小事上，父母都可以询问孩子的感觉，如高兴不高兴、为什么高兴。比如出去玩的时候问孩子："你喜欢出来玩吗？高兴吗？"还可以问："你跟妈妈在一起高兴吗？"父母也要经常把自己的体验告诉孩子，如"你能自己穿衣服，我很高兴"。

其次，快乐需要有所限制。中年以上的朋友们都有这样的体验，以前的小孩子没有多少物质享受，但是过得很快乐。现在的孩子要什么有什么，为什么还是不开心呢？原因就在于，盼望了很久才得到的东西总会令人欣喜异常，而轻易得到的东西就不觉得珍贵。当我们竭力满足孩子的每一个要求时，应意识到这实际上剥夺了孩子享受快乐的权利。孩子通过自己的努力做完一件事后的快乐与满足是父母包办完成所不能给予的。

再次，任何快乐都不能损害他人的利益。有的父母只要孩子高兴，自己做什么都可以，如孩子打大人或毁坏东西。这样做的结果，导致孩子长大后不懂得尊重他人。孩子如果出现这种行为，应该坚决制止，不能妥协，同时告诉他（她），父母对此很生气，大家都不会喜欢他(她)。

最后,要尊重孩子的意愿。有些事情大人觉得没意思,孩子却很喜欢,大人认为孩子会喜欢的东西,孩子得到了却并不高兴。有的父母给孩子买很贵的玩具,孩子却宁愿玩水、玩泥巴、捉迷藏、过家家,也不愿玩玩具。所以,我们不要总把自己的好恶强加给孩子,要让孩子做他们喜欢做的事情。

给孩子一个快乐的童年,是每一位父母的责任,也是每一位父母都应该做到的!

孩子爱顶嘴怎么办？

"我的小孩今年14岁,学习成绩中上等,个性较强,生活中属有主见型的,往往家长的意见不容易接受,经常和父母顶嘴,之后就几天互相不理睬,我们彼此都很苦恼,希望能找到有效的解决办法。"这是山东的一位家长提出的。

这是一个常见的问题,也困扰着许许多多的家长。

12—16岁的青少年,处在青春期的特殊阶段,随着接触范围的扩大知识面的增加,内心世界愈加丰富,自我意识不断增强,此时极易产生逆反心理。他们认为自己长大了,自己可以安排学习和生活,不希望父母处处管着自己。据统计,爱顶嘴的孩子约占70%以上,所以,这是一种普遍的现象。

对孩子的顶嘴,家长首先要从自身做起,做到不烦躁、积极教育引导和注意方式方法。

1. 不要轻易责骂孩子。

经常随意批评孩子,不讲方式、不分场合,是大多数父母的通病,这伤了孩子的自尊心,引起孩子反感,长此以往,孩子产生反抗的情绪,顶嘴也经常会发生。所以批评孩子前,先要弄清原因,别随意发火责骂,要注意语气、场合和方式,对孩子遇到的困难和挫折,要真心帮助解决。

2. 学会尊重孩子。

用启发、引导的方式，不摆家长的架子。再者，喜欢顶嘴的孩子有时很有主见，只要正确启迪和引导，他们会早日成才的。

3. 多与孩子沟通交流，关心孩子。

平时多与孩子在一起，多与孩子沟通交流，但不要什么事都管。当家长有错时也要向孩子认错，要相信孩子有鉴别力，这样反而会提高家长的威信和尊严。当年傅雷就在报纸上向儿子傅聪公开道歉，从而化解了父子之间的矛盾，使父子关系更为融洽，傅聪对父亲更为尊敬。

4. 多与孩子讲道理。

在家庭中要发扬民主，鼓励孩子有理可以申辩。使孩子感到无论做什么，只要有理就能站住脚跟，这对发展孩子个性极为有利。如果家长一味压制孩子，让他把委屈、怨气和泪水都埋藏在心里，长此以往，就会造成委曲求全、满腹牢骚的懦弱性格。

孩子感到孤独怎么办？

现在独生子女的比例很高，大多孩子无兄弟姐妹，从小长到大都独来独往，生活感到孤独是正常的。但是到了青春期，如果面对孤独，没能引起家长足够的重视，就会产生很多意想不到的事情。

正值豆蔻年华的少男、少女体验到孤独并不可怕，这正是自我意识觉醒的一种表现。但是如果你最终不能从孤独中走出来，总是一味地回避社会，最后便可能把自己隔绝起来，得不到成长中所需要的信息和情感支持，并为此而感到深深的苦恼。

要想摆脱孤独可以从两个方向努力：一是自己积极主动去接近别人；二是通过改变自我，使别人愿意接近自己。积极主动地接近别人的最好方法，便是关心、帮助别人。当你看到周围的人有为难之处的时候，如果能主动伸出手去帮一把，很可能就为自己赢得一位朋友，从而也帮助自己摆脱孤独。

没有人会喜欢整天愁眉苦脸的人，也没有人会喜欢一脸清高孤傲的人。如果你渴望得到朋友和友谊，你就需要在某种程度上改变你自己。也许你并非不想理别人，只是不知道说什么才好，或担心别人会不理你。没关系，先从每天早上见面做起。如果你每天都能以亲切的微笑来面对你的同学、同事，并不计较别人是否主动，是否也对你点头,坚持几天,你看看会有什么结果。日本心理学家箱崎总一说:"对别人亲切正是免除自己本身孤独的第一步。"如果你再能设法找到一些共同的话题,或者主动向别人请教,僵局就很容易被打破。

要想有朋友,就不能光想着自己。总把"我"放在嘴边的人,最招人反感。如果和别人交往时,你不懂得尊重别人,老是随便打断人家说话,或是说些刺激人的话,让人下不来台,或是总想和人争个高低,处处显得你正确,恐怕你也就很难拥有朋友和友谊。所以,摆脱孤独,要从自己做起。

父母离异对孩子有影响吗？

直言不讳地说,父母离异最受影响的还是孩子。伤得最深最痛的也是孩子。孩子无辜也无助,可以说是叫天天不灵、叫地地不应,所以不到万不得已,我是不主张父母离异的。

但不容置疑,随着社会文明的发展和进步,现代人更加重视生活的质量和个人的价值实现,使离婚率呈上升趋势,离婚成了一个社会普遍的现象。

那么,父母离婚后,对孩子都有哪些影响呢?

首先家庭关系发生了重大变化,孩子在家庭中与父母的人际互动关系狭窄了,社会化的途径减少了。而且在心灵上对孩子来说,有一种严重的缺失感。不管是跟谁生活,对孩子来说,都在心理上产生了很大的不安全感,父母不能两全,孩子感觉到的家不再是真正意义上的家,和别的孩子相比,孩子会出现自卑心理,使孩子陷于极大的矛盾和痛苦之中。孩子受到的伤害绝不亚于父母。

父母离婚了,各自可以成为陌路人,但是孩子和父母任何一方都有着血缘关系,孩子夹在父母之间也相当为难,会引起孩子心理上的混乱。如果父母一方对另一方心存怨恨,这更使孩子感到苦闷、迷茫。孩子的感情陷入混乱中,使得孩子产生孤独感、无助感,心理上很容易出现压抑和对生活的悲观失望。特别是随着孩子年龄的增长，把父母的不幸投射到自己身上，容易对自己未来的爱情失去基本的信任，对孩子未来的爱情生活产生极大的不良影响。孩子将幼年总结的经验用于自己的生活中，对爱情和婚姻容易发生怀疑和畏惧，害怕悲剧重演，站在爱情的门槛外不断徘徊，渴望一个温暖、完整的家，又害怕婚姻的不幸发生在自己头上。幼年的创伤在孩子心理上烙下深刻的印痕。

还有，最使孩子难堪的莫过于他人的闲话了。有些人可能在背后指指点点，说这孩子的父亲（或母亲）不要他了，别的孩子还可能骂他"没有爹"或"没有妈"，这都会严重损害孩子的自尊心，使孩子产生扭曲心理。父母离婚后因社会压力，孩子在人际关系上容易变得消极，封闭自己。由于失去了父亲或母亲而产生的心理缺陷在一定程度上会影响孩子的正常社交能力，出现自卑、敏感、多疑、孤僻或粗暴等性格特点。

父母离婚将会给孩子在今后的人际交往、择偶、家庭生活、对人生的态度等各方面产生不同程度的消极作用。

父母到了非离不可的地步，也一定要把孩子的问题考虑好，双方在孩子问题上依然要保持一致，不可互相推诿，更不能形同陌路，甚至相互诋毁。

现实生活中常常遇到这样的情况，夫妻离异后由于大多相互都带着怨恨，所以就会出现互不来往，甚至一方剥夺另一方探视看望孩子的权利。殊不知，这样做会对孩子造成极大的伤害。双方应该清楚，孩子没有错，有错的只有父母，父母一定不要再用自己的错误来惩罚已经处在矛盾旋涡里的孩子；应相互尊重，双方尽最大努力给孩子以温暖。

单亲母亲如何担起育儿重任？

单亲母亲是指未婚生育、离异或丧偶,独自抚养孩子的女性。当今社会由于离婚率不断增长,单亲母亲也越来越多。在现实生活中,她们除了面对来自物质上和精神上的双重压力外,还需承担教育子女的义务。

单亲母亲抚养孩子,需要比双亲家庭的母亲付出更多的劳动,承担更多的责任。单亲母亲在教育孩子问题上需要注意以下几点:

1. 在孩子懂事后,客观地向孩子解释父母离婚原因。关键要告诉孩子,爸爸和妈妈结了婚也常会发生矛盾,有的矛盾能解决,有的可能就解决不了,解决不了就会离婚。

2. 不论离婚的原因是什么,都不能一味地在孩子面前诋毁孩子父亲的形象,更不能让孩子从小心中充满仇恨,如果让孩子去恨他曾经挚爱的父亲,这样不利于孩子的成长。

3. 要告诉孩子,虽然父母已经离婚,但都是同样爱孩子的,这一点是永远都不会变的。要想办法向孩子证明,他的父亲是非常爱他的,帮助孩子一起回忆父亲曾经是多么爱他,过去是这样,现在也是这样,这种爱是不会改变的。

4. 不要阻断孩子与其父亲的交往。孩子需要父爱,孩子应该接受来自父亲的男性性别教育。避免孩子因长期与母亲居住、相处造成的恋母情结。某公众人物曾说："我对离婚夫妇的建议是，千万不要因为感情破裂，就完全断绝孩子与另一半的往来。我女儿每星期都与她爸爸见面。"

5. 孩子的父亲因种种原因不能同孩子见面，母亲要为孩子寻找一个可以模仿的对象，母亲可以请孩子的叔叔、舅舅做父亲的替代者；在为孩子选择教师、教练时，尽量选择男教师。最好有一位男性的亲戚或朋友，帮助教育孩子。孩子需要两性的影响，这个替代者不一定天天来，但有时来，陪孩子做游戏，陪孩子看电视、聊天，潜移默化地影响他，使他有另外一种性别的成人榜样来学习。

6. 对孩子的要求要适度。既不要过于严格，也不要因为负罪感而过于溺爱。有的单亲母亲把全部的关注都放在孩子身上，对孩子严格要求，给孩子的造成过多的压力。而有的却因为父母离婚觉得孩子很可怜，便放松对孩子的管教，听之任之，过分溺爱，这些都会对孩子的成长产生危害。

隔代教育有哪些优势和劣势？

当今社会，我们应该承认有相当一部分家庭面对着孩子的隔代教育问题。他们中有的家庭是因爷爷、奶奶退休在家无事做，有条件又自觉地承担起隔代教育；有的是父母在外地工作不在身边，无法挑起教育子女的重任，于是请自己的父辈承担起重任。尤其是农民工进城务工，父母双方都到了城里，被迫将教育孩子的任务交给了爷爷、奶奶。这样一种隔代教育的优势有哪些呢？

1.祖父母具有抚育孩子的实际经验，对孩子在不同阶段容易出现什么问题，应该怎样处理，他们知道的要比孩子的父母多得多，可以弥补年轻父母在养育孩子方面的知识空白，发挥祖父母的经验优势。

2.祖父母在长期的社会经验中，积累了丰富的社会阅历和人生体验，这是有效处理孩子教育问题的有利条件。

3.由于不再有工作的压力和生活的拖累，祖父母在心态上比工作紧张、压力繁重的年轻父母要平静得多，所以会比较有精力和耐心去陪伴、教育下一代。

4.俗话说得好，"老小孩，小小孩"。也就是说，老人自身有一种儿童心理，特别喜欢与孩子玩乐，极易与孙子、孙女建立融洽的感情,因此也为教育孩子提供了良好的感情基础。

5. 孩子由祖父母接去教养,年轻父母便得以解除后顾之忧,专心致力于事业、工作上。

6. 隔代教育也可以缓解老人家的孤寂,使其从孙子、孙女的成长中获得生命力,看到自己生命的延续,含饴弄孙的天伦之乐,对老人保持健康的心态大有裨益。

隔代教育有不少优势,但是同样也会有很多劣势。做家长的要知晓利害。

1. 溺爱过头,好习惯难养成。

许多老人家常会存在着一种补偿心理,将自己年轻时无法给予子女的优厚生活条件,全数转移到孙子、孙女的身上。而这种宠爱往往很容易变成毫无原则的迁就和溺爱,什么事都一手包办代劳,以致造成孩子任性、依赖性强和生活自理能力低下的结果。还有的祖父母因过度疼爱孩子而护短,致使孩子的缺点因长期得不到矫正而养成不良的行为和性格。在祖父母庇护下的孩子,容易出现两个极端:一个极端是胆小怕事、不合群、寡言少语、应变能力差、性格内向;另一个极端则是放纵欲强、专横跋扈、难以管理、性格外向,在家里是个小霸王,到了外面却毫无独立能力,碰到问题,只知道躲到大人的身后寻求保护。

2. 观念陈旧,有碍孩子成长。

许多老一辈的观念比较陈旧,与社会的联系开始减少,所以知识面相对比较狭窄,不容易接受新鲜的事物,对科学的育儿观念也不够了解,仍沿用老观念要求孩子、教育孩子,这不利于孩子适应社会能力的培养。此外,还有一些老人家的文化程度较低、思想陈旧,常会不知不觉地灌输给孩子一些封建迷信的观念,也无形中增加了孩子接受新思想、新知识的难度。

3. 容易造成亲子感情隔膜。

孩子平时和老人家生活在一起,已经习惯了祖父母的袒护和迁就,因此当父母看到孩子的缺点和不足,而对他提出严格的要求时,孩子便很难接受,以致容易形成亲子之间的感情隔阂和情绪抵触,使正常和必要的教育难以进行。再加上,父母严格要求或惩罚孩子时,祖父母往往会出面干预,这更使得年轻父母无法及时矫正子女的缺失,这既影响孩子的身心健康,也容易导致家庭关系失和。

优秀的孩子,总有好习惯

好习惯成就优秀,让孩子走向成功!
成功=正确的目标+勤奋+顽强+禁得起诱惑。

你的孩子早晨需要你喊他起床吗？不要。为什么不要？因为孩子有自己起床的好习惯。你的孩子要你督促他学习吗？不要。因为孩子有良好的学习习惯。孩子做作业，一趴到桌子上就会把手放好，坐得端端正正，身子笔挺，眼睛离桌面一尺左右，这是什么？习惯。如果你的孩子歪着看书，歪着写字，那字写在本子上都斜着，你要知道，你已经把孩子的不良习惯给培养成功了。

每一个人生活的习惯、学习的习惯、为人处世的习惯就是在自觉和不自觉中逐步地形成。

习惯是什么？习惯是一种定式，习惯是一种长期积淀而形成的规范。

对于习惯的培养，请家长记住"三三三"原理。

第一个"三"就是三天；第二个"三"就是三十天，即一个月；第三个"三"就是三个月，即九十天。不怕犟、不怕倔、不怕不听话，只要按照我讲的"三三三"原理来做，好习惯就没有养不成的，坏习惯就没有改不掉的。不相信，你的孩子要你每天早上喊他起床，别喊，只要三天不喊,让他坚持一个月,第三十一天开始你想叫他改过来,去喊他,他都不习惯了。我们说冬天那么冷,早晨起来跑步,坚持不下来,不要紧,记住是三天,三天是个关口,如果做到了,第四天你再坚持就不难了。很简单,如果你的孩子做作业老是姿势不正确,或是不能按时完成作业,你只要看着他三天,第四天扶上路,再连续一个月、三个月,他的坏习惯就改掉了。

要培养孩子良好的行为习惯,在孩子很小的时候,家长就应该有正确的理念,让孩子逐步形成健全的人格,而孩子人格的形成正是来源于孩子的日常行为。

我的孩子小时候喜欢搭积木,当喊她吃饭时,她便开始收拾积木,收齐叠放整齐,盖上盒盖,洗手,吃饭。她不会让积木扔得满地便离开。

如今我们大多数都是独生子女家庭,这在教育方面难度加大了,尤其是相对优越的家庭环境下,许多孩子享受了现在还不该享受的待遇,与爷爷、奶奶一起生活的家庭这种情况更为突出。我只想提出一个问题:在温室中长大的禾苗,明天它凭什么去迎战风雨?培养孩子良好的习惯,家长要以身作则。给家长提个醒,做到"四个不"。

1. 不啰唆。

中国家长有一个普遍的现象,对孩子的教育喜欢说教,不厌其烦地、一遍又一遍地讲,家长是苦口婆心,孩子却不屑一顾,认为是啰唆,教育效果适得其反。我在学生中发过问卷,调查家长经常说的话有哪些,结果以下这些跃然纸上:"快起床,都快6点了,别晚了。""快点。快吃饭,多吃点。""你看你吃得多好,妈妈小时候可没你这条件。""天天伺候你,你也真够不争气的,你要是有×××一半我也没白受累。""上课别说话,注意听讲。路上注意安全。看着点车。""别光顾着玩,快写作业。现在不好好学习,将来谁养活你。""嘴皮子都磨破了,你怎么就不长记性。""我算看透你了,你也就这德行了。""你什么时候才能让我省心哪?""怎么又考这么点分?不是这道题错就是那道题错。什么时候才能十全十美?""你能不能为自己争点气,为家长争点光?""快睡觉吧,明天又该起晚了。""把电视关了,有什么好看的?"

　　家长们,这些话说过了吗?试想如果是你,这样的话让人烦不烦?

　　一般来说很多事只要给孩子交代好,就足够了,孩子做不到,他是要付出代价的。比如说让他穿衣服,提醒他就是了,结果你会告诉他应该怎样做,孩子要一片绿叶,你给了他整棵大树。你对他忆苦思甜,说自己小时候吃山芋、南瓜,孩子会要你现在就拿,你会陷入尴尬的境地。因为时代已经不同,当年和现在能一样吗?另外一点提醒家长千万不要"饭桌训子"。可能是平时工作太忙或是事情太多顾不上孩子,只有吃饭时能静下心来,所以便一二三地开始说教,问这问那。殊不知此时此刻的教育效果最差。

2. 不简单粗暴。

　　孩子处于成长中,各个方面都不成熟,会出现许多不尽如人意的地方,有时甚至是缺点错误一大堆,家长切忌简单粗暴,不分青红皂白,应换位思考,多从孩子的角度考虑,从长远发展去看待,了解孩子,了解事情的全过程,因材施教。孩子出现错误的时候需要的是家长的冷静、家长的宽容,甚至是家长的安慰。这些对培养孩子良好的行为习惯非常重要。

3. 不扼杀孩子的个性。

谁都明白,盖大楼需要钢筋、水泥,同样也需要钉子、木屑。但在教育上似乎只需要钢筋、水泥,其他都不需要。一个留学归来的人到一所学校讲学,他首先让三个孩子上台学走路,一个一个走,个性特点鲜明;一起走却都是一个模式。为什么不让孩子有自己的个性呢?孩子明天的创造激情、创造本领从哪里来?好习惯并不抹杀个性,相反会让孩子个性更鲜明。

4. 不把孩子定性为"问题孩子"。

现在学生在校读书,存在比较突出的问题,如早恋、迷恋网络、厌学、逆反心理强等等,但这不能用"问题孩子"来定性。世界上只有有问题的家长和老师,不应该有有问题的孩子。有些孩子之所以有问题恰恰是家庭和社会所导致,只不过是家长生病让孩子吃药而已。孩子很小交朋友那是早恋吗?不可轻易下结论!他为什么要上网聊天、打游戏?天天学习的日子不枯燥吗?为什么厌学?单调的教学方法,单一地追求分数能让人有什么兴趣?没能养成好的学习习惯的孩子,都会产生厌学情绪。

好习惯成就未来,成就优秀,成就人生。

怎样帮助孩子成为受欢迎的人?

一位叫叶茹的家长说,他的孩子今年16岁了,经常听孩子抱怨,说如今同学关系实在太难处了。有的同学冷漠,总给人一副拒人于千里之外的模样,自己明明对同学关怀备至、热情有加,可人家偏"不识抬举",依然对你不温不火、若即若离,好像你压根不配做他的朋友似的。看孩子天天满腹委屈、牢骚冲天,他不知怎么办才好。

的确,人与人之间的关系是相当敏感、微妙的,尤其对于情感丰富、善变的中学生而言,这种微妙关系更加复杂。那么,怎样跃出这个令人烦恼的"怪圈",轻轻松松、快快乐乐地与人相处?这里为家长和孩子们提供一些方法,希望家长和孩子们尽早摆脱烦恼的困扰。

1. 帮助孩子检查习惯。

习惯,人皆有之,有好坏之分。好习惯应该继续保持,坏习惯则必须毫不犹豫地全盘抛弃,没有人会欣赏一个恶习缠身的人。家长要帮助孩子尽早改掉坏习惯。

2. 让孩子推倒心中的篱笆。

相信很多人有过这样的经历:在刚进入一所学校,同学们彼此还未熟识前,大家坐在教室里显得异常拘谨,或望着窗外,或低头看书，或趴在桌子上假睡，谁也不肯先说第一句话，有的目光相遇了，却又慌忙收回转向别处。教室里没有一丝生气，很是压抑。这时候，你内心肯定期待着某位同学能打破僵局，活跃气氛。既然如此，为何不自己站出来，收获别人对你的好感呢？交际中，积极主动是一把屡试不爽的钥匙。

所以，凡事应积极，大胆推倒心中的篱笆，勇敢地迈出第一步，也就突破了阻碍与人正常交往的瓶颈。

3. 学会平等待人。

有些人会企图以自己的优势控制别人，认为你不如我，就得听我的，这是个相当普遍且害人不浅的现象。其实，企图控制别人是永远得不到真正友谊的，朋友之间的关系应始终建立在平等对待的基础之上。

4. 真心赞美他人。

让孩子明白，没有人不喜欢被人赞美的滋味，不是吗？你穿了件新衣服，同桌夸道："真漂亮！"你心里定会乐开花。你费尽千辛万苦终于解出一道难题，同学竖起大拇指："真棒！"你心里定会比吃了蜜还甜。同理，你也可以将这种美妙感觉馈赠给别人，收获别人对你的友好。反之，如果看到别人有进步就难受，千方百计地去攻击别人，这样的人能受欢迎吗？所以，向对方表示祝贺，虚心讨教学习方法及心得，以此提升自己。那么，从现在开始学会多多赞美他人吧！

5. 主动授人玫瑰。

常言道："授人玫瑰，手有余香。"这话很对，在某人遭遇困难或者情绪低落时，你悄悄施以援手，定能赢得对方的好感。

小学阶段培养什么习惯最重要？

小学是基础教育时期，在打好孩子基本功的同时，培养他们的三个核心习惯是关键。这三大核心习惯是：阅读习惯、问题意识和合理安排时间。其中阅读习惯甚为重要。

从终身学习的角度来看，阅读习惯跟随并影响人的一生。阅读不仅仅指教材，更多是指课外读物，如童话、寓言、科普读物等。以一名低年级学生为例，如果他能坚持阅读30分钟，而不去吃东西或喝水，就鼓励孩子每天这样阅读下去，以后肯定受益匪浅。

如果孩子不喜欢看书怎么办？专家认为，这需要家长们的耐心。每个孩子都喜欢听故事，家长可以先把故事中的部分情节念给孩子听，然后让孩子自己去读，并鼓励孩子把读后的感受说出来。无论孩子最后说得如何，都对他进行表扬和肯定。长此以往，阅读终将变成孩子的日常习惯。

此外，问题意识和合理安排时间也非常重要。孩子爱问"为什么"是好事，说明孩子在思考，在主动地动脑筋。对爱提问的孩子，家长应鼓励并积极帮其解答疑问。如果孩子不爱提问，家长就要多问孩子，由此，慢慢地转为孩子自己主动开口提问。

怎样培养孩子的自主意识和能力？

一到放假，不少家长惊异地发现，以往每天在教室里老师的目光下努力学习的孩子，突然变得懒散、无所事事和缺乏自制力。他们有的拿起书本不知道该看什么，有的几十天不摸书本、不写作业。家长们百思不得其解，为什么同样是面对学习，孩子在家与在校判若两人？为什么已经是初中生甚至是高中生的孩子，自制力依然那么差？

其实这不应该全怪孩子，这是由于我们的教育始终缺乏内在的学习动力的培养。

从人的养成教育来看，习惯是长期形成的一种行为模式。多少年来，中小学生们差不多每天早上6点钟起床，晚上6点左右回家，吃饭、睡觉由家长操心，学习上的事全都由学校包揽，他们的学习压力在绝大多数时间里都是外来的。

很多家长习惯了把孩子交给学校，平时只关心一下考试成绩。可教育不仅仅是学校的责任，必须由家庭和社会参与、互动。

平常，孩子的时间大部分被课程、作业、各种辅导班占据，家长心疼，很少让孩子再做家务。其实，自主安排生活是人的一项基本能力。平时孩子没时间做家务，为什么不趁假期让他们学点儿呢？

有个男孩在假期里学会了做饭,他说看到各式各样的原料通过自己的双手变成了很有滋味的饭菜,很有成就感。许多家长平时不下功夫培养,又总是期望孩子一下子就把事情做得尽善尽美,这不现实,我们自己也做不到。应该在确保大目标实现的前提下逐渐去要求细节的完美。安排学习和安排生活是一个道理。

　　有的家长在教育孩子上有点儿叶公好龙,一边埋怨孩子不会自主学习,一边又总是喜欢干预孩子的学习安排。

　　有个高二的男生假期里总爱学英语,而他母亲特别希望他能趁机把数学好好补一补,她认为那是孩子的弱项,母子俩为此还发生过争论。其实,知识的连贯性非常明显,家长认为是孩子弱项的地方未必真的是他的弱项。更重要的是,应该让孩子从他最感兴趣、最能产生成就感的地方入手。如果一个人做事总是遭遇挫折,他还会有信心和兴趣继续干吗?反过来,假如孩子因为有了兴趣而把这门课程甚至其他课程整体学了一遍,他的弱项也许在不知不觉中就弥补上了。

　　因此,在培养孩子的自主意识和能力的时候,家长要善于控制自己的行为,让孩子自己去选择和决定。家长只需要帮他确定一个可行的目标。

　　选择和责任是相辅相成的,只有孩子自己选择的事,他干起来才会有责任感。这就是平时家长懂得尊重孩子意愿的结果。

怎样培养孩子节俭的品质？

现在很多孩子不懂得节俭，随便浪费的现象相当严重。在某所小学里，教师和校工在校园内捡拾了很多物品，大至皮夹克，小至铅笔、橡皮。学校多次广播要求学生去认领，却没有人去。在一次家长会上，校领导讲了这件事，最后只有几位家长带着孩子去认领，其他物品仍旧堆放在屋子里无人问津。孩子不懂得节俭，这不能怪孩子，家长有责任。家长因为疼爱子女而迁就孩子的乱花钱自不必说，有些家长自身也产生了不健康的消费心理——攀比、从众、喜新厌旧。时代变了，人们的消费观念确实应该改变，但盲目花钱、浪费永远都是不好的，是不良品质的反映。每个家庭的经济情况不同，教育孩子把钱用在有利于孩子发展的事情上是每个家长都要认真思考的问题。不管为孩子花多少钱，都要用以下三条标准来衡量：

1. 是否高效益地使用金钱、财物，合理消费。

2. 是否有利于孩子的发展——培养良好的素质，如身体素质、心理素质、文化素质等。

3. 是否杜绝了奢侈浪费。

为了培养孩子节俭的品质，下面几个建议可供家长参考：

1. 教育孩子正确认识金钱的含义。要让孩子从小懂得钱是什么,钱是怎么来的和怎样正确地对待钱财。

2. 教孩子学会花钱。孩子的消费行为是由被动逐步走向主动的,从小学低年级开始就应该教孩子买东西,如何用钱,如何选择物有所值的物品。教孩子把钱保管好,防止丢失、被窃。让孩子养成先认真思考再花钱的习惯,避免盲目消费。有些家长让孩子"一日当家"、记收支账,是教孩子学会理财、培养节俭品质的好方法。

3. 教孩子学会积累。孩子手里的零用钱、压岁钱应该有计划的使用,适当积累。让孩子在存钱、用钱的过程中养成节俭的好品质。

4. 教孩子懂得量入为出。要让孩子明白,花钱必须有经济来源,花钱要看支付能力如何。即使家里富裕,也要坚持前面提到的三条标准。

5. 教育孩子珍惜物品,不浪费。让孩子懂得所吃、所穿、所用都来之不易,浪费是不珍惜劳动果实、不尊重劳动的表现。让孩子经常参加劳动,体会劳动的艰辛。

孩子出现逆反心理，怎么办？

儿童、青少年在成长过程中，总会出现一定程度的逆反心理。所谓逆反心理，严重的就是有意不听家人或老师的话。家长或老师不让做的他偏要做，家长或老师让他做的他又偏不做；明明知道是对的也不听，故意和家长或老师对着干。逆反心理如果引导、处理不好，会影响孩子成长。

1. 家长要知道孩子在12—16岁时出现的第二次（3—5岁是第一次）逆反心理是明显的、突出的，这是他们心理走向成熟的反映；也要让孩子知道出现适当的、轻度的逆反心理很正常，因为它是成长过程中心理上独立的标志之一。正常情况下，每一个个体最终都要走向独立和成熟，都要有自己的思想，他们不可能永远附属于别人。

2. 适当的逆反心理有益于身心发展，但是太强烈则会物极必反，危害性很大。由于逆反，孩子不但不听家长的忠告和有益的教育、指点，甚至非要反着做。一个家有这样一个"逆子"，整天和家长对着干，这个家还会有好日子过吗？另外，这种心理也严重影响当事人其他心理方面的健康发展和良好人际关系的建立。

3. 要让孩子从小知道如何看待问题，要让他们有意识地学习全面地、冷静地、客观地、公正地、科学地、多角度地看待和分析问题。我们周围的许多事情都存在多面性、复杂性和结果的不确定性,不同阅历的人从不同的角度,在不同的时间、地点看问题都会不同。出现分歧是正常的,解决分歧最有效的方法就是平等地沟通。其实,沟通的过程也是双方相互了解、相互学习的过程。

4.孩子要学会用多种方法来表达自己的意愿,对家长以及周围的人要有意识地做相应的了解,理解他们提出的各式各样的要求,既要学会包容家长的缺点、毛病,也要看到他们苦口婆心、望子成龙的一片真情,更要承认父辈们历经风雨、见多识广,懂得取他们之长补己之短。

5.作为一名优秀的儿童、少年,除了学习好外,还要心理健康。心理健康包括很多内容,比如快乐的情绪、专心的注意力、乐观向上的进取心、良好的人际关系、坚韧不拔的意志、有效发挥自己的能力、客观的自我认识,等等。现在的孩子很少知道什么是"让步",尤其在溺爱他们的父辈面前。我们要教孩子对人"退一步海阔天空",要有承受挫折、磨难的能力,还要有化解不快的能力,寻找心理平衡点。

6.必要时可进行家庭治疗,纠正逆反心理是家长和孩子两方面的事。家长首先应该知道孩子在成长过程中出现问题自己有不可推卸的责任,应反思、检查自己在教育孩子方面的所作所为。另外,也应学会换位思考,有些非原则的事是要让步的,一定要比孩子的姿态高。我们要相信孩子的本质是好的、积极的。

7.当孩子出现比较严重的逆反心理时,最好一家三口去看心理医生,在心理医生的指导下,采用某些具体方法,治疗效果会更理想。

8.对比较严重的逆反心理的治疗是必需的,但更重要的是对它的预防。

怎样引导孩子安全上网？

网络是时代发展的产物，孩子从小接触网络对他们今后更快地适应时代发展是有好处的，但是很多家长担心孩子上网会受到网络游戏、网络暴力的危害。所以家长对孩子进行积极的引导十分重要。

1. 家长的正确引导。

孩子独立上网后，家长要给予一定的帮助。应告知孩子上网的目的是什么？如何正确地运用网络更好地帮助学习？家长可以先示范如何操作，再让孩子独立操作。家长可以带孩子从简单的游戏开始，慢慢接触更深层的东西。

2. 家长制定上网的规则。

家长为孩子制定上网的时间以及上网浏览的内容。家长要控制上网时间，养成孩子遵守诺言的习惯，该下线时就下线，培养孩子不迷恋网络的习惯，增强自控能力。在内容方面家长也要控制，让孩子学会保护自己，注意网络安全。

3. 鼓励孩子。

家长鼓励孩子在适合孩子阅读的网站中不断探索，让他自由活动、自由摸索，按自己的意愿选择喜欢的活动方式，这样会促进孩子的发展。

　　家长要不断学习网络知识,做好孩子成长的引路人。引导孩子直观感受网络的用途,认识网络的利弊。可以带孩子到身边的网络高手那儿交流,让孩子感受到网络的神奇和魅力,激发他们的创新精神和实践能力,认识到网络不仅仅是用来玩游戏的。

孩子迷恋游戏，怎么办？

一位先生来信说，他有一个 9 岁的儿子，自从家里买了电脑以后，孩子就特"乖"，出门比原来明显减少。起初他十分高兴，为培养儿子的"电脑特长"还给儿子购买了许多学习软件，希望对他的学习有所帮助，但一个学期下来，儿子的成绩反倒下降了许多。他心中疑团顿起，严厉责问下，儿子这才说出原因——玩电脑游戏上瘾。

确实，作为 21 世纪的重要工具，电脑在大大激发孩子们好奇心的同时，也带来了一些隐患，正如这位先生的儿子迷恋游戏耽误了时间，影响了学业一样。

临床心理医生认为，长时间玩电脑游戏，一方面会损害孩子的身体健康，引发头昏眼花、疲乏无力、双手震颤、视力下降等症状；另一方面，孩子在心理上也会产生一系列变异，会逐渐形成依赖心理，导致情绪低落、思维迟缓、食欲下降、行为异常以及交感神经功能部分失调。如果出现上述情况，应警惕电脑游戏依赖症的发生，尤其要当心这种游戏"病毒""登录"孩子的心理，破坏孩子原有的、正常的学习秩序。

家长首先应知道电脑并非有百利无一害，游戏是把双刃剑，要防止孩子因自控力差而沉溺于其中，必要时，应想办法用其他活动来转移孩子的注意力，如制作航模、打球等。其次应耐心引导孩子正确对待电脑游戏，不要被电脑游戏弄得废寝忘食。家长在干预方式上切忌粗暴、简单化，避免引起孩子的逆反心理，应结合实例讲道理，晓之以利弊。再次，应限制使用电脑的时间，尽可能让孩子多与外界接触，积极参加文体活动，加强同父母、老师及同学的情感交流。最后，父母应该制定奖惩规则，例如，做完作业后才能玩游戏，每次半小时。当孩子遵守规则时，给予表扬；当孩子违反规则时，则给予批评，甚至取消他玩游戏的权利。

孩子吃零食，应该注意些什么？

一位姓乔的家长反映,他的女儿已经上初中了,特别喜欢吃零食,劝她少吃一点她总是不听。他想问,孩子吃零食应该注意些什么问题。

应该讲,让孩子适当地吃一点零食并无大碍,但要注意以下几个方面。

1. 注意吃零食的时间。

不少孩子在晚餐之后边做作业边吃零食,或者边看电视边吃零食,或者边听音乐边吃零食,更有甚者躺在床上吃零食。这样吃零食会过量进食,长此以往会导致体重超标、身体素质下降。

2. 不要食用过多油炸食品。

当前我国少年儿童的营养特点是:蛋白质和热量摄入充足,脂肪和食盐过多,而钙、铁、锌、维生素 A、维生素 B2 以及膳食纤维摄入不足。因此,应适当减少脂肪摄入,如薯片、薯条、炸鸡翅、羊肉串、锅巴以及方便面等食物应少吃。脂肪含量过高的食品还包括奶油蛋糕、冰淇淋、黄油之类的食品以及各种果仁,如花生、瓜子、核桃等。油炸食品对食物中的维生素破坏较大,也不宜吃得太多。

3. 不要食用过多高糖食品。

所谓高糖食品,不仅包括加入蔗糖太多的甜食和糖果,也包括以淀粉为主要成分的食品,如膨化食品和饼干等。

4. 不要饮用过多含糖饮料。

当前市场上销售的饮料绝大多数含糖量较高,如各种果汁饮料、碳酸饮料、茶饮料等。同时,这些饮料中还包含对儿童、青少年生长发育可能有不良影响的色素、香精和防腐剂等。

5. 不要大量进食冷饮。

有些孩子吃冷饮成癖,无论春夏秋冬,一有机会就大量进食冷饮。大量进食冷饮会使胃肠道温度骤降,局部血液循环减少,容易引起消化功能紊乱,同时还可能诱发经常性的轻微腹痛,从而影响孩子的生长发育和身体健康。

6. 不要以洋快餐充当主食。

一些洋快餐脂肪含量太高,营养不均衡,对孩子身体发育不利。美国《华盛顿邮报》曾刊登一幅画着热狗、汉堡包、薯条和雪糕的图片,上面写着"我们害死的美国人和烟草一样多"。

孩子要养成好习惯,最好还是少吃零食。

孩子得了厌食症，怎么办？

孩子在成长过程中,会出现很多事情,比如厌食的问题。有一位家长就说,自己的女儿15岁,过去食欲很强,体形匀称、健美,可她总嫌自己不够苗条,于是拼命节食,以达到减肥目的。现在她这也不吃,那也不吃,体形的确变苗条了,却大病不犯,小病不断,经常吃药、打针。如果让她继续这样下去,岂不成了弱不禁风的"林妹妹"？家长感到很着急。

青春期少女追求苗条的体形,这是人皆有之的爱美之心,并非什么坏事。但任何事物都有个极限,超过了极限就会走上极端。如这位家长所述说的,他女儿为了苗条而拼命节食,心理上形成了饮食障碍,便得了轻微的厌食症。

饮食障碍是一种心理不健康的表现,在少男少女中多表现为偏食和过分节食。一般情况下,偏食多产生在儿童期,表现为只爱吃这,不爱吃那。而有意节食则主要发生在青春期。因为随着年龄的增长,少男少女的自我意识在不断增强,他们开始更多地注重自己的外部形象,高矮、胖瘦、长相、穿着打扮都成为他们自我评价的尺度。这本是人之常情,无可非议,但令人担忧的是,许多少年(尤其是少女)偏执地认为苗条就是美,越瘦越美,于是便过分地节食,最终走向极端，形成了饮食障碍。

中国科学院心理研究所的调查表明，25%的男生和31%的女生有饮食障碍。饮食障碍的主要症状就是偏食、厌食，对许多过去喜爱的食物都不感兴趣，甚至一见到食物就恶心、呕吐。虽然饮食障碍被划归为一种心理疾病，但它严重地影响患者的身体健康。浙江省曾对4000多名独生子女做过调查，结果发现有80%的人血色素低于平常标准，30%的人体重、身高达不到正常发育标准。其中，偏食和有意少食是造成身体不健康的主要原因。本节开篇提到的少女之所以变得多病了，就是饮食障碍所造成的。

我认为那位家长应该做到以下几点：

1. 带孩子去看医生。

过分节食很可能影响孩子的整个身体机能，使原本正常运转的系统遭到破坏，您的孩子爱生病就是一个很明显的症状。所以，您要请医生全面地检查一下孩子的身体健康状况，让医生对症下药，进行治疗。

2. 您可以想方设法增强孩子的食欲。

食欲的强弱是心理健康与否的一个重要标志，孩子厌食，主要是由于过分节食，从而形成了厌恶食物的意念。要想增强孩子的食欲，必须重新唤起她对食物的喜爱之情，食物不仅要美味可口，而且要注重色泽、外形的美观，首先从外部感官上给她以刺激。当孩子看到色泽鲜艳的美味佳肴时，内心就会产生想接近它、品尝它的欲望。另外，每餐食物量不必太多。您不要指望孩子一口吃出个胖子来，相反，应该吊她的胃口，让她觉得您做的饭菜好吃却又不够吃，给她留个"想头儿"。

3. 要从根本上解决问题，还需向孩子讲明过分节食的害处。

使她懂得健康是美的第一要素，太胖太瘦都不是美，而是病。单纯依靠节食来追求所谓的美，是荒唐的、有害的。从楚王好细腰到唐皇爱丰腴，"燕瘦环肥"已被争论了2000多年，随着科学的发展和社会的进步，人类对于什么是真正的美，已基本达成共识：真正的美离不开健康，健康是美的第一要素，失去健康就失去了一切，当然也会失去美。

儿子总是丢三落四，怎么办？

有一位家长反映，儿子8岁，开学后就上二年级了。上学期他因为丢三落四挨了不少训，可也没见他改。每次放学他不是忘记把课本拿回家，就是忘记老师布置的作业，要不然就是做完作业后收拾书包时没把作业装进去。有没有什么好办法可以借鉴一下？

孩子丢三落四是常见现象，原因大致有以下三种类型：

1. 态度问题。

没有认真听明白别人的意思，只是急于去完成。

2. 习惯问题。

东西没有分类，生活缺乏条理。

3. 生理问题。

记忆力较差。

对孩子丢三落四的不良现象应及早矫正，不要幻想"孩子长大懂事了，自然而然就好了"。矫正时要有耐心和恒心，不能急躁。

1. 引导孩子对别人讲的话要认真听完，不理解或没听清的，应学会有礼貌地再询问一遍，有意识地培养孩子办事认真、善始善终的良好习惯。

2. 给孩子立点规矩，健全生活制度。家长应指导孩子，把自己的东西放在固定的地方，以便拿放方便。

3. 培养孩子良好的记忆力。

/ "我要学",不是"要我学" /

人生没有彩排,每天都在现场直播。陪孩子学习,帮孩子辅导作业,虽很出力,但不出彩!

孩子的天性是自由的,可是现在的许多家长总是逼迫孩子学习,这样带来的结果是孩子被动地接受学习,这样的孩子在学习过程中不仅没有获得乐趣,反倒很容易产生厌学情绪。不少家长反映,他们的孩子很聪明,曾经学习成绩很好,现在却变得不爱学习了。对此,他们束手无策。

家长要解决这个问题,必须寻找科学有效的方法。否则孩子的被动学习会导致学习热情的缺乏,这样的孩子即便取得了优异的学习成绩,在走出校门后也是谈不上有创造力的。

1. 帮助孩子学会学习。

在任何时代,勤奋与刻苦对学习的进步和成功都是不可缺少的重要因素。您要让孩子明白:(1)世上没有不劳而获的事。学习的进步是一分汗水、一分收获。(2)学习也是很快乐的,学习的进步和成功解决问题就是学习者的最大快乐。(3)学习的方式很多,读书是学习,思考和探究是学习,交往与合作是学习,社会实践也是学习,学习无处不在。(4)学习不是死读书,虽然学习需要大量的记忆,但更重要的是需要动脑和动手。动脑就是善于思考,就是在学习中善于发现问题、分析问题和解决问题。动手就是善于运用,就是要善于将原理运用于实践并转化为现实。(5)学习要讲究方法,每一门学科都有不同的学习方法。(6)学习也要讲究策略,要扬长避短,要找到适合自己的学习风格。

2. 使学习成为孩子的主导兴趣。

就大多数聪明的孩子而言,外在的教育影响是制约其学习进步的重要因素。孩子学习进步、成功与良好的教育有密切的关系,而厌学则与不良的教育有着直接的关系。孟母三迁的故事正是告诉了我们这样一个道理。

学生的主要生活就是学习。一个认真的学习者,需要排除各种干扰和诱惑,专心致志地学习。古人研修在家,"三年目不窥园"。正如诸葛亮所言:"非学无以广才,非静无以成学。"今天的社会物质极大丰富、生活娱乐纷繁多彩,与此同时,孩子所受到的诱惑也大大增加。看电视、玩电脑、娱乐活动、交往活动等各种现代生活方式强烈地吸引着孩子,占据了他们很多时间。这本身不是什么坏事,却在客观上造成很多孩子的兴趣过于广泛,沉迷于娱乐,玩物丧志,对学习不感兴趣。

对于这些影响,家长应加以限制和控制,使孩子远离这些诱惑,将"心"收到学习上来,使学习逐步成为他们的主导兴趣。这种转变应既靠引导,也靠强制。

3. 让孩子感受一些学习的成功。

如果孩子屡遭失败,会容易导致他们自我否定。实际上,每一个孩子都希望自己成为一个学习上的成功者。因此,您要相信"成功是失败之母",为孩子创造机会,让他体验成功,产生自信和学习兴趣。不切实际的高目标会使孩子产生挫折感,而适当、适量的学习目标则可以使孩子产生成就感。家长应当帮助孩子制定循序渐进的学习目标。

心理学研究表明,学生的学习兴趣与学生对教师的情感直接相关。孩子喜欢某个老师,这门课功课就学得好,相反,不喜欢某个老师,则这门功课就成绩平平甚至一团糟。当然,如果孩子发现教师喜欢他,一般情况下,孩子也会喜欢老师的。教师对孩子真诚的关爱、殷切的期望、恰当的肯定,会有效地改变孩子的态度和学习的效果。

因此,在心理层面上,家长要努力做好孩子和教师的双向沟通。一方面,要帮助孩子正确认识老师,消除孩子对老师的误解,促使他喜爱所有的任课教师;另一方面,还应经常与教师沟通,改变教师对孩子的偏见。

4. 改变对孩子的激励方式。

聪明的孩子一般自我评价较高,而且对自己的小聪明还有点沾沾自喜。孩子的这种自我认可掩盖了他对自己学习不努力、不成功事实的正确认识。过多地表扬,尤其是其家长对这种聪明孩子过多地表扬和肯定,会使孩子失去进一步学习的兴趣和动力,变得"自视甚高"起来。因此,要反其道而行之,改变对孩子的激励方式。有节制的赞美会带来意想不到的收获。作为家长,要适当地克制自己对孩子的赞誉和赏识之情,在孩子"骄傲的小火苗"升腾起来时,不妨将对孩子的喜爱放在心里,而不是溢于言表。一方面,对孩子表扬和肯定的吝啬会激发孩子对父母表扬和肯定的渴望,从而间接导致他对学习卓越的追求;另一方面,也不妨故意对孩子学习提出过低要求和人生发展的过低期望,这会使孩子产生家长所希望的逆反心理,导致他更加积极地学习和进步。父母要耐心等待,否则,焦急的心情和过高的学习要求则会使孩子对学习产生逆反心理。

5. 帮助孩子形成良好的学习习惯与品质。

研究表明,孩子持续、高涨的学习兴趣也与良好的学习习惯和品质有关。比如,提前预习的习惯,可以激发学生的求知欲;及时复习,可以提高孩子识记水平和拥有知识的满足感;粗心大意会降低学习兴趣,而仔细、严谨的学习态度,可以有效提高学生的学习成绩和学习动力;遇到困难,轻易放弃会减低学习兴趣,而顽强拼搏的学习精神与意志可以提升学习的动力。

家长需要重视学生的良好学习习惯和品质的培养,使学生逐步形成认真预习、听课、复习、完成作业的习惯和不耻下问、独立思考、勤于思考、主动学习、乐于竞争与合作、仔细、严谨、追求卓越等学习品质。

爱学乐学、愿学会学是根本。

孩子学习需要自主权吗？

很多家长都抱怨："孩子怎么一点儿不知道着急呀？一点自觉性都没有，简直是帮我们爸妈学习呢！"这种现象看起来好笑，在孩子的学习问题上，孩子自己无所谓，家长却比孩子还要着急。其实这样一来，孩子的学习家长成了第一"责任人"，孩子反而成了第二"责任人"，他怎么会有自觉性呢？

孩子没有自主权，是很难学习好的。

所谓有自主权，指的是确实把学习"承包"给孩子，家长只起帮助、支持和指导的作用，不搞过多的干涉和指挥。也就是说，达到什么目标、考出什么成绩、时间如何安排、采用什么学习方法，都由孩子自己拿主意，因为这是他的事情，而不是家长的事情。学习自觉性和学习能力，都是在这种自主的学习氛围中形成的。

因此，学习的目标应该主要由孩子自己来定。事实上，每一个孩子都有上进心，也有惰性，孩子正是在这种矛盾的不断交替中成长的。家长的任务只是在关键处给予鼓励和帮助。

失去了自主权，就失去了成长的内在动力，剩下的就只是"推一推，动一动"了。所以，只要你主观地替孩子确定目标，逼孩子完成，你就是在培养孩子的"不自觉性"。

所以,急躁不得,需要等待;目光短浅不行,要有"可持续"发展观念;"一刀切"不行,要尊重孩子各不相同的"发展曲线";搞"计划经济"不行,要尊重孩子自己的成长规律。

有些家长看见孩子放学回家立刻趴在那里写作业就高兴,如果孩子打开电视或者出去玩,家长就生气。其实每个孩子是不一样的,有的孩子不写完作业心里不踏实,有的孩子不先玩一会儿,写作业时脑子就不转,学与玩相结合。应该让孩子自己决定把写作业安排在什么时候,家长要提醒的只是:"你自己比较一下,安排在什么时间效率最高。"

有的家长禁止孩子写作业时听音乐,理由是一心不可二用。可是孩子偏说听音乐写作业效果好,这怎么办?可以让孩子听音乐写作业试一个星期,不听音乐再试一个星期,让孩子自己评价一下,哪个效果好,自己决定以后怎么办。

要想让孩子学习好,请给他学习的自主权。这不是撒手不管,而是让孩子学会做自己的主人,明确自己的目标并做出相应的努力。这对日后他的情感发育也是大有裨益的。

孩子怎样养成良好的学习习惯？

前面说了,很多孩子是在父母的"严加看管"下学习,一旦失去了父母的"监管",或者父母无能力也无暇再去监督,许多孩子的学习状态就松懈下来,与在父母面前判若两人。一句话,"管"出来的孩子并没有养成属于他自己的习惯。那么,作为父母,应该怎样去引导孩子养成良好的学习习惯呢？

1. 活到老,学到老。

家长除了告诉孩子学校教育的重要性外,还必须向孩子灌输学无止境的道理。现在很多家长在工作之余都忙于攻读高一级的学位,这为孩子树立了一面镜子,无疑会赢得孩子的敬佩。经常让孩子看到自己如何学习,带孩子去书店、博物馆等会对孩子产生巨大的示范效应。

2. 说一千不如做一件。

孩子对某门功课不感兴趣,家长的劝说和引导十分必要。但家长与其花费巨大精力对孩子说教,不如亲自为孩子做些什么。家长尽可能多地陪孩子一起做事情。

3. 沟通———一路绿灯。

时间常常成为家长与老师沟通交流的最大障碍。目前很多学校都开通了"老师—家长"热线,家长可以方便地与老师取得联系,及时了解孩子的情况。

4. 培养孩子的计划能力。

孩子从学校背着重重的书本回到家,家长没有必要一遍又一遍地督促孩子快写作业,重要的是要教给孩子如何计划和安排学习。不妨在孩子的书桌前挂一本小日历,让孩子把一天的学习任务写在日历上,教会他如何把诸多任务划分成有操作性强的小部分。大多数孩子都缺乏自我管理和组织计划能力。

5. 餐桌也是书桌。

有研究发现,那些经常与父母同桌进餐的孩子的智商水平和文化素养较高。专家认为,孩子越是经常在餐桌上耳闻目睹父母描述和解释性的谈话,其词汇量就越高。而词汇量恰恰是衡量一个孩子未来阅读能力高低的重要因素。

6. 重结果,不如重过程。

如果家长只知道自己的孩子在学校总是得"优"而并不清楚他是如何得到的,这对孩子来说是一种不完善的学习。因为这样一来,他只会注重结果的对错而忽视对结果的探究过程。所以,当孩子有问题请教家长时,家长不要直接告诉孩子答案,不妨说"到哪儿能找到答案呢?是查字典还是上网"等类似的提示。

7. 教孩子树立切合实际的目标。

没有做家长的不期待自己的孩子成才,但成为什么样的"才",在很大程度上取决于孩子自己的目标。家长没有必要为孩子树立远大的目标,关键是要让孩子根据自己的实际确定目标,做家长的只是引导、鞭策孩子朝着这个目标努力。要让孩子明白,学习是他自己的事,目标需要靠他自己的努力完成。

孩子爱不爱学习与家长有关系吗？

这个问题很好回答——关系很大！哪个家长不关心孩子的学习，不期待着孩子考高分？可是有的孩子正是因为家长的过分关注而导致不爱学习，因为有些家长把孩子学习的事情当成是自己的事，似乎与孩子没多大关系。

很多家长把家庭教育片面理解为知识教育，认为只要孩子学习好，其他都是次要的；认为只有进重点中学、上大学，才能成才。因此，孩子的学习成为许多家庭的头等大事，"分数"成为家长与孩子嘴边提到的最频繁的字眼。甚至孩子"考多少分"成为许多家庭气氛好坏的晴雨表。

我们在做有关这方面的调查时发现，绝大多数孩子盼望父母能尊重他们。在回答"最不能容忍父母的是什么"这一问题时，很多孩子写道："不能容忍父母过于唠叨。"一位学生写道："我的父母总是把我当成还没有长大的小孩子，学习学习，他们总是没完没了地唠叨。""父母爱唠叨，其实是对我不信任。请你们不要把说过的话重复几遍，这样我很烦。"

对于学习问题，孩子认为，父母的理解胜过一切。

几乎所有接受问卷调查的学生都对父母在生活上无微不至的

关爱表示了感激。但有不少孩子提出,光有关爱是不够的,父母对他们的理解比什么都重要。

不少学生认为,父母对他们不理解,有"代沟"。一位学生写道:我一旦有了苦恼和困惑,便无处可说,我只好默默地对自己说。还有一位学生写道,在我遇到困难和挫折的时候,多么希望父母像我的朋友,劝慰我。"但是,在他们的心里只有分数。"

问卷表明,很多学生觉得父母过于在意他们的学习成绩,给他们带来了巨大压力。一位学生的话很有代表性:今天的成绩只能代表今天,如果这次考得不好,我自己也有紧迫感。

现在很多家长为一句话而苦恼——不要输在起跑线上。其实这句话只是商家的一个噱头,误导了很多的家长,历史上现实中有些大器晚成的人并不是在一开始就占尽先机,有的恰恰是后来居上。"我的孩子在很小的时候就认识很多字,会100以内的加减……"其实这些都并不值得骄傲,人生是长跑,跑到最后才能笑到最后。殊不知幼儿在幼儿园不是要专注于学习知识,而要想法设法培养他们的良好习惯,尽可能地培养他们多方面的兴趣,这是最为关键的理念。很可惜很多家长偏离了方向,在孩子很小的时候就已经偏离了人生的轨道,最终还沾沾自喜。

什么时候开什么花,结什么果都是自然规律,切不可违背。

事实上,由于孩子一门心思学习,在家什么事都不干,因而缺少基本的生存能力。许多孩子到了高中还不会叠被子,不会削苹果,女生六年级了,不会梳头。甚至有的孩子上了大学,因许多生活方面的事情不能自理,而难以适应大学生活,提出退学回家。还有的大学生不懂得体贴父母,认为父母为他们的付出都是理所当然的,甚至连封家书都懒得写。这样的孩子大多缺少自觉学习的积极性，还不如在孩子很小的时候家长就引导他做一些力所能及的事，让孩子知道学会自立和学习文化课同样重要，从而激发学习主动性。

所以说，孩子爱不爱学习与家长关系很大。

怎样帮助孩子爱上学习？

自从进入小学，孩子童年的大部分时间是在学校里度过的，学校生活对他们形成了潜移默化的影响，这种影响将会持续一生。孩子若能对他的学校生活有一个积极的态度，那么，在任何地方都能应付自如。所以家长可以通过一些方法帮助孩子爱上学校。

1. 全神贯注地倾听孩子说喜欢学校的哪些方面；告诉孩子无论他喜欢学校的哪一方面，即使是不喜欢某一课程，他也得学会适应和容忍；帮孩子建立一种积极的心态，让他发现他不喜欢的事情也有令人喜爱的一面。

2. 仔细倾听孩子讲述发生在学校里的事情。无论哀叹学校生活的观点是否消极，你都应该用你的倾听技巧表示支持。即使你不同意他的观点，你也得肯定他所说的。这有助于理解并为更深入的谈话打开一道门。

3. 配合孩子的动作。如果孩子坐着，你也跟着坐着；如果孩子站着，你也站着。配合孩子的身体语言，可以建立一种和谐的亲子关系。

4. 不要努力去修理。在为你的孩子处理问题时，要让孩子学习到如何处理和控制问题。你所要做的是一个施助者，在大多数时候,你都是一个帮助者,而不是一个救世主。

5. 同孩子讨论学校的重要性经常坐下来与孩子讨论学校对他们来说是多么重要。在你的帮助下,要让孩子学会适应学校的生活,并让孩子知道这种适应能力也是一种生存能力;尽可能多地让孩子尝试如何适应。

6. 帮助你的孩子建立对学校的积极的信念。如果孩子能够有积极的信念,经常自我激励,他便能避免失败。家长首先要帮助孩子树立自我激励的目标。其次要让孩子学会自我暗示,要用积极的信念——"我可以提高"或是"我可以得到帮助"来取代孩子那种"学校很糟糕"的消极信念。再次,家长要在实际行动中肯定孩子取得的每一次进步,常常鼓励孩子。

7. 告诉孩子有哪些资源是可以给他提供帮助的。如遇到了学习上的困难可以请教老师;遇到交际上的困难可以请教父母,也可以形成写日记的习惯,把自己的消极情绪在日记里发泄;还可以从书本上学习一些面对学校生活的有用方法,甚至可以在网络上寻求帮助。

8. 与孩子分享你儿时的学校生活经历和你对学校生活的一些看法。告诉孩子你在学校里取得的成功与遭遇的失败,让孩子以此为前车之鉴。讲述的时候不能以自己的经历来训诫孩子,一定要是一种公平交流的口吻,让孩子谈谈他对你的经历的看法,帮助孩子扬长避短,吸取教训,取得成功。

9. 通过各种方式去赞赏你的孩子,但请勿将学习成绩挂在嘴边。要明白,你的孩子具有独一无二的价值。学习成绩只是生活的一个方面,只是生命中必经的阶段之一。爱你的孩子,就要接受孩子的所有方面。

怎样让孩子对学习产生兴趣?

孩子有兴趣,才能学习好。

兴趣是创造性之母。但是可惜,培养兴趣是一件很难的事情,而且如今很多教师和家长为"培养"孩子学习兴趣所做的努力多半是失败的。

1. 明确孩子产生兴趣的源泉。

孩子对学习产生兴趣通常是在课外活动中。因为课外活动比较轻松,没有压力,这是产生兴趣的良好条件。家长应该给孩子提供各种机会参加各种课外活动,观察孩子的表现,发现孩子的兴趣指向,以便进一步引导。

2. 找出课内学习与课外学习之间的联系。

家长不要以为孩子的兴趣就只能在课外起作用,应找到两者之间的联系,学会把孩子的课外兴趣用到课内学习上。比如看课外书,对写作的培养有一定的好处。

3. 将消极兴趣转化为积极兴趣。

有些孩子课外时间喜欢上网打游戏,家长不可以一味地阻止,这样只会适得其反。最好的办法就是积极引导,让孩子利用网上资源用于学习之中,避免网络游戏对孩子的伤害。

总之，培养孩子对学习的兴趣很重要，但这是难题，更是一门艺术，重在潜移默化的指引与影响，而不是期望立竿见影的成效。

成就感对孩子的学习会有怎样的影响？

孩子有成就感，才能学习好。

我们成年人每日上班如果总是不发工资，工作积极性是会受影响的，说不定你还会辞职不干了。同样道理，孩子上学也需要得到"工资"，这样才能保持其积极性。

什么是孩子上学得到的"工资"呢？有些家长可能认为，我给孩子吃、喝、穿，给他买玩具，这不是"工资"吗？不是，这些东西在孩子眼里，都是应得的。而学习的"工资"必须是直接从学习得来的好处。这个好处就是孩子从学习中得到的成就感。因为学习而受到家长和老师的表扬，会有成就感。学习中得到收获，会有成就感，这就是孩子领到的学习的"工资"。现在许多孩子为什么厌学？因为他们领不到"工资"，他们在学习上得到的总是批评，或者感到的只是挫折和疲倦，如此这般，想让他们自觉努力地学习，是不可能的。所以一个明智的家长，应仔细研究孩子的学习心理，想办法让他不断领到"工资"。

这是老生常谈——要多表扬孩子。许多家长都不喜欢表扬孩子，他们说表扬多了孩子会骄傲。殊不知，现在孩子因为经常遭到批评轰炸，自卑者为多，真正骄傲者并不多。很多孩子都爱说大话，报喜不报忧,专门跟成绩差的同学比。其实这是虚荣,骨子里是自卑。一个真正自信的人是不需要吹牛的。出现这种症状的主要原因不是因为得到的表扬太多了,而是恰到好处的表扬太少了。

表扬首先是对孩子的衷心赞美,其次才是调动孩子学习积极性的一种策略。如果表扬不真诚,有点像圈套,孩子当然会不高兴,不买你的账。但表扬也不可有固定的模式。比如,今天孩子报告考试成绩,有所提高,我可以不做口头表扬,只是对他笑一笑,然后晚上吃饭时多加一个他爱吃的菜,多么温馨!孩子肯定有成就感,领到"工资"了。

假如孩子能在学习中找到成就感,那就等于他可以自己不断给自己发"工资",积极性的保持主要靠自我激励而不是靠别人夸奖。当然,这种孩子永远不是多数,人完全靠自我激励前进的确是不容易的。即使是最善于发现自己成绩的人,也需要别人的鼓励,我们当然不能要求一个孩子达到那样的水准。年龄越小的孩子,越需要成年人的鼓励,他的"自己给自己发'工资'"的能力开始可能很弱,慢慢地会增强,这种能力在他学习成绩提高过程中的贡献率越大,他的可持续发展的基础就越好。我们应该积极引导孩子朝这个方向发展。

培养孩子"自己给自己发'工资'"的能力,关键是让他学会自我评价,而要让孩子学会自我评价的关键,是家长、教师不要太"积极",对孩子评价的关键则是家长、教师不要太多干涉,要给孩子留点空间,让他能够静下心来思考,分析自己的学习处境,估量自己的成败得失。这样,久而久之,孩子就可以学会立足自己的成绩,激励自己前进;同时也及时发现自己的不足,以此制订具体的学习计划。

毅力在孩子学习中有什么作用？

孩子有毅力，才能学习好。

在学习中，虽然兴趣的重要性不容置疑，但是孩子的意志品质更重要。大家肯定对这样的孩子不陌生：十分聪明，学习成绩却不佳，或者严重偏科。他们的问题往往出现在意志上。怕苦和任性是意志薄弱的典型表现。意志薄弱对任何人都是致命的弱点，意志薄弱不只是影响孩子的学习成绩，它还会影响孩子一生的发展。而我们可以发现，杰出人物几乎都是意志非常坚强的人；而几乎所有违法犯罪者都是意志薄弱者，理智不能驾驭情感，往往抵挡不了诱惑。

家庭教育对孩子意志力的影响非常重要。对孩子生活方面的溺爱和迁就，势必助长他们的任性和怕苦。过度保护和包办代替严重妨碍孩子意志品质的提高。因为意志本质上是自控力的体现，家长管得太多，孩子就没有机会学习如何提高自控力。家长对孩子学习上的过高要求也会破坏孩子的意志。因为意志品质只能在压力较大而不算太大的情境中提高，压力过大会导致孩子放弃。

所以，家长培养孩子的意志品质要做到：

1. 家长要放手让孩子做自己力所能及的事。

家长首先要做一个理智的人，对于孩子经过努力能做到的事，家长一定要学会放手。当孩子寻求帮助时,家长再伸出援手。

2. 该拒绝时不要含糊。

对孩子的不合理要求,家长必须学会拒绝,不能一味地放纵。

3. 适当的学会忍耐。

对孩子的合理要求,最好也不要立刻满足,要让他等一些时日,让他学会忍耐,让他知道这个世界不是为他一个人准备的,他所要的东西不是立刻就可以到手的。要磨炼孩子的性子,使他变得更有耐心,这对学习是非常重要的。因为学习是慢慢积累的过程。

4. 不要逼迫孩子。

当孩子遇到确实解决不了的学习问题时,家长不要硬逼他完成什么指标。之后想办法看看孩子问题出在哪里,加以解决。不要强逼孩子,这样很容易摧毁孩子的意志。

5. 不能急于求成。

如天天做家务、坚持锻炼等,这种事对培养孩子的意志作用很大。培养坚持性本身就需要家长有坚持性,不能急于求成。

总之,这是对家长教育艺术的考验,更是对家长毅力的考验。在培养孩子意志力的同时,家长也是在与孩子共同成长。

如何养成孩子的阅读习惯？

怎样激发孩子的阅读兴趣，让孩子从小养成良好的阅读习惯，是很多家长极为关心的问题。在这里为大家介绍几种方法，希望会有所帮助。

1. 及早帮助孩子接触图书。

孩子刚接触图书，首先是把它当作物品来看待，对于图书的用处，要等到长大一些才会知道。许多家长在孩子一出世，便在孩子身边摆上各种色彩鲜艳的纸质书。起初，孩子喜欢用嘴咬、用手撕，把图书当成了玩具。当孩子稍大一些父母便开始用夸张的语调照着图书讲故事。日久天长，孩子渐渐地对图书产生了认识。随着自我意识的增强，父母们可有意识地多带孩子去逛书店、图书馆，使孩子耳濡目染，同时在节日和孩子的生日时买一些好书送给他们，尤其对已有阅读能力的孩子，更要如此。

2. 从朗读故事书入手，培养孩子的阅读习惯。

一些教育专家认为，0—3岁是形成孩子阅读兴趣、阅读习惯的关键阶段。父母应在孩子很小的时候就养成每天为孩子朗读故事书的习惯。持之以恒，孩子对阅读的兴趣便渐渐地产生了。孩子坚持听故事可以使注意力集中，有利于扩大孩子的词汇量，并能激发想象、拓宽视野、丰富孩子的感情。孩子会渐渐产生想看书的愿望，并能初步具备广泛阅读的基础。在此还特意提示父母，为孩子选取的朗读内容应生动有趣，能吸引孩子，要适合孩子的年龄段选择合适的书。

3. 家庭环境的影响。

古训有"近朱者赤，近墨者黑"。孩子在家庭中，必然要受到父母潜移默化的影响。希望孩子爱读书、知勤奋，当家长的只有身体力行地带头读书看报，着力营造家庭的学习氛围，方可对孩子产生有效的影响。所以一个新型的学习型家庭氛围的营造不仅要孩子学习，家长也要以身作则。父母不妨每天读一些书、看一些报，或当孩子安静下来，耐心地在他身边富有感情地朗读一首儿歌、一个故事，这将比一味地督促、强制有效得多。

怎样引导孩子进行正确阅读？

"我的孩子刚上小学一年级，老师要求每天回家熟读一篇《自读课文》，并要求家长签'已读熟'，我的孩子有时把一篇长的课文读两三遍后就喊读熟了，让我给他签字。我若说他没读熟再读几遍，他就又哭又闹，非让我签字。我让他玩一会儿再读他也不依。请问我该怎么办？"

这实际上是一个既听话又有主见的孩子。他会把一篇长的课文读上两三遍，已经很不错了！自认为读熟了，达到老师要求了，就坚持己见，不再做所谓的无用功了。这不是很好的现象吗？

至于矛盾，关键在于熟读的标准问题。可以在他读课文之前，根据文章的内容预先提出一些由浅至深的问题，待他读完后，逐一进行提问，一旦小孩回答正确，给予适当的口头表扬或其他的奖励，以增加他的兴趣。如一年级语文课本中有一篇《两只小狮子》，在小孩阅读之前，可以给他设立一些问题，像狮子妈妈有几个孩子、它的孩子们有什么不同、狮子的生存技能有哪些、懒狮子是怎么转变的，等等，力求使小孩在每读一遍都有不同的收获。

毕竟枯燥、单调的东西，连我们都会拒绝，不是吗？

作为家长,善于发现问题,更要努力寻求解决的方法。在教育孩子方面,更是需要多动脑筋。

家有"差生",怎么办?

在学生群体中,"差生"是个很刺耳的词。然而在学习中,或多或少总有些老师和学生眼中的差生。事实上,由于智力因素而出现的差生是少数,绝大多数是由于心理等原因造成的。因此,转化差生采取"心理治疗"是关键。

1. 满足差生自尊的心理需要。

心理学家马斯洛认为,除了一些病态的人之外,所有人都具有"对坚定的、根基牢固的、通常较高的自我评价的需要,对自重或自尊的需要,以及对尊重别人的需要"。简单来说,每个人的心理都有自尊的需要。差生多数本来也有很高的学习欲望和热情,但由于兴趣、爱好、学习方法不当等原因导致了学习上的暂时失败。这时,如果家长或教师采取简单粗暴的方式对学生进行怒斥、讽刺、挖苦,或以不理睬、歧视等态度对待他们,就会严重伤害到学生的自尊心。中小学生的心理还不成熟,容易走极端,在自尊心受到伤害时,往往以破罐子破摔的行为来进行报复。在这种心态支配下,你越是逼迫他学习,他越是反感,学习成绩会越来越差。因此,转化差生必须满足他们自尊的心理需要,防止产生逆反心理,特别注意以平等、尊重、信任、友好、关怀的态度对待他们。差生学习成绩差,心理压力也大,更需要家长和教师的理解、同情和关心,所以要和差生多接触、多谈心,和他们交朋友,满足他们的心理需求,形成一种融洽的师生关系。

2. 使差生摆脱自卑、树立自信。

尽管许多差生对学习上的失败摆出一副满不在乎的样子,但实际上他们的内心深处埋藏着沉重的自卑感。让差生摆脱自卑、树立自信,首先,应讲明道理,使其明白学习成绩差并不意味着智力就一定差,只要自信、自强,方法得当、刻苦努力,就一定能赶上优等生。其次,课堂教学中要设计一些差生能够回答上来的问题让他们回答,并及时表扬。这样差生就能经常体验到成功的欢乐,不断增强自信心。再次,课下给差生开"小灶",加强学习方法的指导,课前和他们共同预习,找出疑难,让他们学会独立思考;下课后和他们共同讨论疑难并检查学习效果。每次考试前应专门和差生一起分析课本的重点、难点,给他们讲做题、答题的技巧。还要坚持跟踪辅导,这样就会使差生慢慢地学会科学的学习方法,不断提高学习成绩。差生也会从中得到更多喜悦感和成功感,逐渐摆脱自卑、树立自信心,增强学习的主动性和积极性。

3. 针对差生不同心理特点而进行"个别治疗"。

造成学生学习成绩差的心理原因有共性,也有个性。有的是因为看武侠小说入迷而无心学习,有的因早恋而无法集中精力学习,还有一些因为家庭的原因等等,家长切勿盲目责骂孩子,而要积极和老师联系。不论作为父母还是老师,都应像知心朋友一样对待他们,一方面给予他们充分尊重、理解和信任;另一方面,则要根据他们不同的心理特点,以他们乐于接受的方式,对症下药,进行个别心理指导,让他们自觉地把主要精力用在学习上,主动地走出心理误区。

家长面对孩子的厌学情绪时能做些什么？

现在经常能听到很多孩子抱怨"上学好累"，或者"作业太多"，这应当受到重视，因为受这个困扰的孩子常常会生发出一种厌学情绪。

学生厌学包括厌恶学习和学校，主要表现在：注意力分散，上课不认真听课，思维迟缓，情绪消极，提不起精神，作业拖沓，敷衍了事，学习效率低，错误率高，对学习失去兴趣和信心。

这种情况的出现，一方面是社会的原因，另一方面是学校和家庭的原因。作为家长，我们可以在自己的权限内做好自己的事情，为孩子提供一个好的家庭环境。

1. 改变功利的爱。

现实中，大多数的家庭只有一个孩子，孩子从小的待遇特别好，是全家人生活和关注的中心，他要什么就有什么，从不会遭到拒绝。家长的无私和牺牲无条件地满足了孩子，使孩子产生一种错觉：这世界没有他得不到的东西。但是家长的爱里暗含了一个十分功利的目的：孩子一定要出人头地，这样才对得起家长的付出。孩子一旦走出家庭，就不可能再成为"宇宙的中心"，挫折和尴尬导致孩子怨恨,家长委屈。这是家长的功利心和片面的教育观念所致。

2. 形成关心孩子终身幸福的观念。

纵观人的一生,大多数时间是在和失败做斗争。所谓的成功,应该是多方面的,而不专指考试的成功。考试是一种能力,但不是唯一的能力。幸福的人,有安全感,有爱心,与人相处和谐,对自己充满信心。应该把对孩子的期望建立在对孩子的正确认识上,揠苗助长只会陷孩子于不幸,不可能让孩子幸福。

3. 给孩子一个温暖和睦的家。

人的三分之一的时间是在家庭中度过的,家庭关系对学生智力、个性、人格、社会化等方面有着重要的影响。家长要尊重、关心、理解和信任孩子,支持他们的兴趣、爱好和决定,能经常和他们在一起,有共同的喜好,欣赏他们而不是挑剔他们。家长要以身作则,严格要求自己,做孩子的榜样,以发展的眼光看待孩子。家长要时常关注新信息,多看家庭教育方面的报纸、杂志,提高自己的家教水平,缩短和孩子之间的距离,让孩子有一个温馨、快乐的家,解除压力,这样孩子才能快乐学习、轻松成长。

4. 实施体验教育。

我们的家长在生活上给予全方位的服务,在学习上却求全责备,这种矛盾的做法让儿童无所适从。因此,对孩子从生活方面实施体验教育,是家长的应尽职责。

体验教育指的是不超过孩子能力范围,但又不能轻易做到,需要一定程度的努力才能实现预期目标的一种教育。

体验教育可以锻炼儿童的心理承受能力,让儿童有一个思想准备:任何获得,必须付出一定的努力,而任何挫折只是暂时的。同时,要允许孩子犯与年龄相当的错误。成人都免不了错误,何况孩子。孩子犯的每一个错误,都是宝贵的财富,家长要善于利用这笔财富,帮助孩子变负面影响为正面影响。

成年人有喜怒哀乐,孩子也有,只不过在他们的世界里,"上学好累"与"作业太多"已经算得上是让人忧愁的事了。作为家长要体谅这种情绪,孩子是未发育完全的个体,当他为学习苦恼时,不妨反省一下自己的教育方式。

孩子对课余爱好的兴趣大于学习的兴趣,这该如何对待?

在这里,我们不妨来看一下一位家长的做法:

我的孩子在被视为"差生"的舆论中初中毕业了。他选择了他最喜爱的计算机网页设计和动画设计专业。在新学校,他是老师计算机教学的助手,语文课上写的作文很受老师的欣赏,绘画由 D 级上升到 C 级。儿子每天高高兴兴地去上学,心情愉快地回家。在轻松而欢快的生活中,他的个子猛长,像个魁梧的小伙子。

看到孩子如此舒展的精神状态,我感受到了作为一位母亲从未有过的幸福感。也许,这正是我宽容儿子不务正业的回报。

儿子是从小学三年级起学习成绩开始逐渐下降,直至各科成绩由优秀降到差的地步。经过分析,这不是智商问题,而是不适应学校的传统教育方法,不喜欢写重复性的作业所致。我曾使用各种方法逼迫儿子达到学校的要求,但是都不奏效。在这条路走不通的情况下,我正视了儿子不适合传统教育环境的现实。

他在不喜欢的教育环境下学习,是一种无可奈何的学习行为,而无可奈何的学习行为便伴随着一种没有积极性和主动性的学习态度。这样,他的学习成绩自然不会达到学校要求的标准。达不到标准,"差生"的帽子就会始终戴在他的头上。

我陷入了从未有过的教育困境。如果按照常规的办法教育,我就应该配合学校让儿子花更多的时间去重复那些他记不住的东西,想各种办法软硬兼施地迫使儿子牺牲一切娱乐活动,完全适应学校的教学方式。

但是,儿子是一个活生生的生命体,他对世界的兴趣、学习的内容是多方面的。他对生活中的很多方面非常感兴趣。比如对昆虫的研究,他会把各种甲虫放在玻璃瓶中进行观察、区别长达一小时;半夜起来偷偷地拆装各种机械性的玩具;他喜欢听、背诵评书和相声片段;喜欢用纸折出各种类型的手工;喜欢看书,在课堂上偷偷地画卡通画,沉迷于破解各种游戏的关卡。这些不仅是他最喜欢做的、做得最精彩的方面,而且也是最能体现他生命活力的方面。

如果我尊重孩子生命的个性,就需要给孩子一定的时间去满足他在这方面生命的张扬。但是,从学校要求的标准看,可谓是不务正业。

权衡利弊,我做出宽容孩子不务正业的决定,让孩子在学校有限的时间内努力学习应该掌握的知识,目标是达到毕业水平。老师批评孩子成绩不好的时候,要求家长配合,我努力想办法改进,但不大动干戈地给孩子施加压力。对于孩子的业余爱好,让他每天有一定的时间去满足。

我的教育策略是,经常表扬他在各种爱好方面取得的成绩,让他对自己充满自信,让他看到尽管自己学习成绩不好,但是在其他方面还很优秀,从而使他对生活充满理想和快乐。

实践证明,我的宽容孩子不务正业的教子决策是正确的。儿子成功地进入了他生命的新阶段,朝气蓬勃地追求新的生活。孩子生命的升华,使我深深体会到"条条大路通罗马"的哲理。当孩子处在不利的学习环境时,别逼孩子在不擅长或者不喜欢的方面浪费宝贵的时间,而应寻找另一条途径。当上帝为你关上一扇门时,同时会为你打开另一扇窗,去帮助孩子找生命中的那扇窗吧!

孩子需要我们的理解

"爸爸、妈妈,你当过小孩子吗?"

"为什么想听到一句您安慰我的话,就那么难!"

我在一所中学讲课,发现孩子的课桌上被他们用涂改液写满了字,在那些乱七八糟的字里行间,我看见了这样几句话:"好累!我只想找个角落默默流泪。""唉!烦恼无处不在!"

我们不禁要问,青春年少无限欢乐,小小年纪为何心事重重,快乐不再?

中小学时期,孩子的身心发展快、变化大,家长如果能掌握孩子的生理和心理特点,针对他们的身心特点进行有效的家庭教育,将为孩子顺利地进入高一级学校学习乃至于为他们一生的发展做好准备、打好基础。父母要多了解孩子,关心他们在看什么书,在交哪些朋友,有没有异常表现(如早出晚归、讲究穿戴、星期天不在家、学习成绩下降、不做作业、逃学、心神不定、心不在焉和惶恐不安等)。发现了这些危险信号,家长就应高度重视,要用感化教育的方式给孩子以"温暖"。

我们再来看一则调查,也许会给家长们带来些许的思考。

面对家庭教育问卷调查,中小学生们为终于有机会表达自己的心声而感到高兴。一位中学生写道:"我倾吐心声的时候到了!"

我们对中小学生在调查问卷中所反映的问题进行了分析和归类,从中不难发现,中小学生提出的问题和他们的烦恼可以归为八类,即八大烦恼。

1. 家长不能理解我。

27%的中小学生将"爸爸、妈妈不能理解我"列为主要烦恼之一。这类题目包括:爸爸妈妈不信任我(12.9%),爸爸、妈妈只知道关心我的学习成绩(31.5%),我想做的事情爸爸、妈妈总不让我做(26.6%),我不知道怎样向爸爸、妈妈说出我的想法(33.7%)。这些题目的平均率为26.34%。另外,有19%的小学生选择了"我不愿学爸爸、妈妈为我安排的学习内容(如钢琴、计算机、美术、舞蹈、书法等)"。

从中小学生的来信看,家长与子女的冲突主要表现为:家长只看重孩子的学习成绩,如果孩子成绩不好,家长就对孩子持否定态度;而孩子有自己的愿望和追求,希望家长能关心和支持他们的选择,但当孩子表述自己的愿望时,遇到的多是不理解,甚至是斥责和批评。另外,家长和孩子都没有找到一个合适的方法进行交流。

来信中,中小学生谈得最多的是"理解":

"我上次考试成绩下降,爸爸批评个没完没了,却不曾有鼓励的话出口。"

"有时妈妈也不理解我,因而使我觉得家中不是我容身之地。为此,我想了好多好多……"

"我想做公关人员,喜欢竞争忙碌,但爸爸、妈妈却说不是正当工作。现在我对什么都不感兴趣,总觉得活着没劲,真想离开他们做出点成就给他们看看。我不是一个弱者……"

"我家庭条件不错。但是,我总觉得,我的生活是枯燥无味的,我很烦恼,爸爸、妈妈都不是很了解我,更增加了我的烦恼。我的学习成绩逐步下降,老师的批评指责使我无法忍受,我不想再上学了……"

一个署名"多愁善感的女孩"在来信中说:"他们总是不信任我、不理解我,他们说只要让我吃好、喝好、穿好,就是爱我。可我对爱的理解不是这样的,想说的话太多太多,一下子不知怎么说,别的同学看了我的日记本,都会哭的。我心里真不知是什么滋味。"

"也不知从何说起,一回到家和妈妈就无话可说。以往总是没说上几句话,就吵起来。也许是我这个当儿子的不孝吧。每当我看见妈妈,一阵酸辣的滋味就涌上来,不时地想和她说几句心里话,可又没勇气……"

"我与妈妈关系不好,有时一连一个星期不会跟妈妈说话。我不知怎样与妈妈沟通,怎样谈话,该谈些什么。有时我在学校里受了气,妈妈也不闻不问,只会冷冷地说一句:'这么大了还哭,在校又与谁闹了?又是你的不对吧……'妈妈怎么不了解我?好像什么坏事都是我做的……"

"我不能理解,每当我兴致勃勃、充满信心去干我想干的事时,他们总反对,说这不行那也不行。为了不让他们生气,我只好听话。可有时我也很固执,非去做不可。不过,由于缺少了爸爸、妈妈的支持即使去做也不那么带劲了,遇到这种情况,我只想哭。有时考试考得尽管不好,但比上次是进步了,回家后多想听到这么一句'有进步,继续努力'的话呀,可他们看完成绩,脸一变,说:'这门怎么考的?!'……接着就给我'上课',一听又是那些话,我的心就凉了半截,他们哪里知道我更需要的是精神鼓励。"

一位来自四川的中学生写出了广大中小学生的心里话:"我希望爸爸、妈妈不要只关心我们的学习成绩,要多和我们交流,能让我们把心里话跟爸爸、妈妈讲。我觉得爸爸、妈妈应该试着走进孩子们的心里,让我们之间不仅是父子或母子关系,而且应该是朋友关系。这就是我想对爸爸、妈妈说的话,这就是我的心声。"

2. 家长总不让我玩。

21%的孩子说"爸爸、妈妈总不让我玩"。与这个题目相关的是:爸爸、妈妈只知道关心我的学习成绩(31.5%),我想做的事情爸爸、妈妈总不让我做(26.6%),我经常没时间看电视(25.5%),爸爸、妈妈禁止我玩游戏机(21.7%)。这类题目的平均率为25.2%。由于这类题目相关性高,所以家长禁止孩子玩的主要原因,可能就是要督促孩子学习,以提高文化课的成绩。

3. 老师偏心。

9.3%的孩子说"老师偏心",这个题目与"我的班主任对我不好"(3.7%)相关。也就是说,觉得老师偏心的孩子也感觉到班主任对自己不够好,或者相反。作为孩子生活中的权威裁判,如果让孩子觉得不够公正的话,孩子会自然产生一些不健康的情绪。

4. 我没有什么知心朋友。

14.8%的孩子说"没有知心朋友"。与这道题目相关的是"我常常感到孤独"(17.6%),即没有知心朋友的孩子们常常感到孤独,或者常常感到孤独的孩子是因为缺少知心朋友。

5. 我就要累死在起跑线上了。

以往,考大学的起跑线在高中,家长们往往让孩子从高一起向大学冲刺;后来,起跑线逐渐改到初中。而现在,不少家长督促孩子从小学就开始奋斗,起跑线越来越靠前。"千万不要输在起跑线上"的口号,给孩子造成巨大的精神压力。所以,一个五年级男孩在信中感叹道:"我就要累死在起跑线上了!"

中小学生中,约30%感到学习压力太大!8.7%的孩子总也做不完作业。25.5%的孩子说"经常没时间看电视"。

6. 我的学习成绩一直不理想。

38.9%的中小学生承认"我的学习成绩一直不理想",这个题目与"我没有掌握好的学习方法"(53.9%)相关,说明未掌握好的学习方法可能是学习成绩不理想的原因。约47%的中小学生有这方面的烦恼。

7. 我无法获得课外知识。

32.2%的中小学生认为,"我喜欢的课外书太少了"是他们最大的烦恼之一。一些家长为了让孩子集中精力学习,不赞成给孩子买课外书。而赞成买书的家长又常常头疼可买的书太少。江苏一位家长来信说:"我的孩子特别爱看一些课外书,常常缠着要买。可是书店里没有什么好的儿童书,有的话也是价格太贵,难以接受。"

20.2%的孩子认为自己"无法获得课外的关于社会、大自然等知识",12.7%的中学生选择了"我很难获得青春期知识"。从中我们看到,在孩子们求知欲最旺盛的时候,在他们最需要了解社会、了解自然和了解自己的时候,父母、家长和社会或许都没有能满足他们的知识需求。

8. 别让爸爸再打我。

9.1%的孩子反映"爸爸、妈妈总斥责我或打我"。孩子们感到面临着许多的压力,如:学习的压力,总有写不完的作业,家长只知道关心我的学习,我不愿爸爸、妈妈安排我的时间,等等。

10.4%的孩子认为"爸爸、妈妈总爱吵架"为他们生活中的主要烦恼。吵架有两个主要原因:一是因为孩子学习成绩不好,在教育孩子问题上发生争执。有的家长甚至因为这类争执产生了离婚的念头;二是因为夫妻感情不和。家庭困扰破坏了孩子的童年生活。一位中学生说:"记得很小的时候,我爸和我妈就经常吵架,有一次,爸爸将手中的碗向妈妈砸去,妈妈躺在床上,衣服和被子上有好多血。我想劝他们离婚,可我不知道这是不是大逆不道。"另一位孩子说:"我是一名高二学生,我很厌恶我的家庭,每天回家总是无休止地吵,从没有高高兴兴欢聚一堂的场面。"一个小朋友看来年纪较小,字写得歪歪扭扭的,但他告诉我们:"爸爸和妈妈不是打架就是吵架。可能是我不好。现在的妈妈已经是第三个妈妈了。我见不到我的亲生妈妈,爸爸有时打麻将,妈妈有时不上班,我怎能学习好?"

我们发现"家长吵架"与"家长打骂孩子"有时非常有关联。它提出了一种可能,即无论是因为教育子女还是家长本身关系紧张,都将殃及孩子,导致家长斥责或打孩子,拿孩子出气。

　　孩子们倾吐心声后,仿佛意犹未尽,有的还写信进一步分析家长教育的失误。一位中学生曾指出不仅是这些烦恼,家长还有另外的问题,比如家长太固执,家长太封建,家长爱说谎,家长说话不算数,家长的脾气全看心情的好坏,家长往往出言不逊,伤害我们的自尊等。

一遇上考试，孩子就焦虑，咋办？

考试焦虑实际上不仅仅是孩子，成人也会出现，有的甚至表现更为突出。考试焦虑又称考试恐惧，是指因考试压力引起的一种心理障碍。其主要表现在迎考及考试期间出现过分担心、紧张、不安、恐惧等复合情绪障碍，还可伴有失眠、消化机能减退、全身不适和神经系统功能失调症状。这种状态影响考生的思维广度、深度和灵活性，降低应试的注意力、记忆力，使复习及考试达不到应有的效果，甚至无法参加考试。有的考生因此反复逃避考试，严重者甚至可发展为精神障碍。

1. 不要把问题看得太严重。

并非所有的焦虑对学习都是有害的。焦虑是一种复合性情绪状态，包括焦虑反应、过度焦虑和焦虑症等三个由轻到重的层次。焦虑反应是人们对一些即将来临的紧张事件进行适应时，在主观上产生的紧张、不安、着急等期待性情绪状态；焦虑症是神经症的一种，主要特点是紧张、不安等症状比较严重，但产生这些不适的原因不是很明确。考试焦虑介于两者之间，属于过度焦虑，其特点是焦虑已明显地影响正常学习和生活，但患者对引起焦虑的原因十分明确，考试一旦解除，多数能迅速恢复。

许多研究业已证明,绝大多数考生在临考前都有一定程度的紧张或焦虑,它属于焦虑反应,是正常现象。适度紧张可以维持考生的兴奋性,增强学习的积极性和自觉性,提高注意力和反应速度等。也就是说,在考试及其准备过程中,维持一定程度的紧张是有必要的。但是,考试焦虑与学习效率并非都是呈正相关的。有人发现,紧张的动机和学习成绩呈"倒'U'形"曲线,即焦虑水平过低、动机过弱不能激起学习的积极性,学习效率在一定范围内随着焦虑的增强而提高。但过强的动机表现为高度焦虑和紧张,反而引起学习效率的降低。这一规律被称为"耶克斯—多德森定律"。

2. 找到焦虑的原因。

考试焦虑的产生是内因和外因相互作用的结果。外因来自学校、家庭和社会;内因与个体的个性、抱负、早年经历、认知水平和心理承受能力等有关。考试焦虑是后天习得的心理障碍,它是个体在不良的教育环境下主客观因素共同作用而形成的,多数是因为家长和老师有意或无意对孩子的学习提出过高要求,超越了小孩的承受能力并形成了过度的心理压力。研究表明,考试焦虑与下列因素有关:

(1)考试焦虑与能力水平呈负相关,即学习能力相对较弱者或学习效果较差者容易产生考试焦虑;

(2)考试焦虑与抱负水平呈正相关,即对自己成绩要求过高者容易产生;

(3)考试焦虑与竞争水平呈正相关,即考试意义越大越易产生;

(4)考试焦虑与考试失败经历呈正相关,即经历过重大考试失败者容易发生;

（5）考试焦虑与心理、生理状态呈负相关，即心理承受能力差的人容易发生，且与生理状态也有关系。考试焦虑是一种心理障碍。根据其产生原因和机制进行防治，都能收到良好的效果。具体方法如下：

A. 减轻压力，放下包袱。有效地降低考试压力是防治考试焦虑的首要措施。考试焦虑与考试密切相关，它常常随着考试的结束而迅速消失，但由于对学生来说不能避免考试，因而应优先考虑在不影响正常学习的情况下减压。考试压力是考生主观认知在客观条件下作用的结果，老师和家长负有相当的责任。老师和家长应该对考生的学习能力、自觉性和心理承受能力有一个恰当的估计，改变那种"压力越大，效率越高"的错误观念。引导考生恰当地估计自己的能力，降低过高的学习目标，保持考生恰当的压力，重视学习过程而不要太计较考试结果，养成将考试当作业、作业当考试的习惯。

B. 端正动机，改变认知。考试焦虑是考生对考试事件在认知上的歪曲，导致情绪上的紊乱和行为上的异常。他们对自己的要求过高且常常绝对化，以偏概全，即认为考试失败会导致可怕的后果。因此，要帮助考生改变对考试和考试焦虑之间关系的错误认知，使他们意识到自我认识和评价是造成压力的关键；帮助他们分析为什么在同样的迎考中，大多数学生没有过高的考试焦虑。通过改变其不合理的思维方式，放下包袱，树立正确的学习动机。

C. 劳逸结合，有张有弛。大多数考试焦虑患者在处理学习与休息的关系上存在缺陷，他们在学习上投入的时间太多，且生活安排单调，不注意休息和文体活动；即使在娱乐时也在想着学习，使自己的大脑老是处于紧张状态，不能通过文体活动达到生理与心理上的完全放松,导致神经系统的兴奋与抑制调节机能紊乱。因此,指导考生合理用脑,讲究方法,注意营养,劳逸结合,维护神经系统的正常机能,是防治考试焦虑的重要措施。

D. 心理分析,揭示原因。心理动力学认为,考试焦虑与早年考试的创伤性经验和个性缺陷有关。心理咨询的实践也证明,多数患者在小学阶段常因考试受挫受到父母或老师的过度惩罚,他们大多性格内向,过分追求完美。本例在心理医生帮助下,回忆在小学一年级时,一次考试成绩在90分以下,便被父母打骂并撕毁考卷,后者因无法向老师交代而产生较之于体罚更为严重的心理创伤。这种痛苦的经历沉淀于内心深处而导致考试焦虑的发生。运用心理分析疗法追寻考生童年时代的创伤性经验,使考生对考试焦虑的原因及其因果关系有一个正确的认识,并注意培养健全的人格,是一种有效的治疗方法。

E. 学会放松,转移视线。考试焦虑患者缺乏在特定情景下控制自己的能力,因而有必要帮助他们进行这方面的行为再造,使他们在紧张时能够运用意念控制、调整呼吸等多种方法松弛躯体,转移注意力,抑制交感神经过度兴奋,以达到调整心理状态的目的。在心理医生的指导下,考试焦虑患者进行放松训练更为有效。

大多数考试焦虑患者通过上述措施,是能够自行好转的。少数严重者需要进行专门的心理治疗或配合药物治疗,有的还要进行长期训练。由于考试焦虑发生率很高,对于家长和老师来说,要注意从小培养孩子的健康心理,帮助孩子树立正确的应试心理。

怎样缓解孩子的心理压力？

人在日常生活中难免会遭遇激烈的冲突、亲友的误解以及失意、失败等不愉快的事情。孩子在成长过程中也会如此。通过合理有效的缓解方法，尽快走出心理灰暗阶段，对于一个人的身心健康极为重要。家长要教孩子找到解压的办法。

1. 谈谈心。

孩子心理压力大的时候，最需要家长出现，家长切不可因为工作忙而忽视了孩子，要挤出时间和孩子说说话、谈谈心，尽可能多地亲近孩子，多鼓励孩子，为孩子分忧，帮孩子出主意、想办法，做孩子的知心朋友。

2. 会会友。

俗话说："一个好汉三个帮。"人在失意或受到挫折时，最需要朋友的关心和帮助。此时，你可以暂时从烦恼中走出来，找自己的知心朋友谈谈心，一吐心中的不快，在善意的劝导、热心的安慰下，使精神的痛苦得以清除。

3. 听听歌。

很多孩子有自己的音乐偶像。当你感觉情绪不佳时，不妨试试你喜爱的音乐。音乐疗法是治疗心理疾病的一种有效方法。当心情沮丧、闷闷不乐时,打开唱机,听听歌曲,不仅可以享受到一种美的艺术,而且可陶冶情操、激发热情,令大脑兴奋,使你从中获得生活的力量和勇气。

4. 读读书。

当遇到烦恼、忧愁和不快的事时,应首先学会自我解脱,鼓励孩子去翻一翻他所喜欢的书和杂志,分散心思、改变心态、冷却情绪、减少精神痛苦。

5. 散散步。

心理学家研究证明,短短几分钟的散步就有明显的消除紧张的效果。在烦闷的时候,不妨约上二三好友,哪怕独身一人,找个公园或街心花园漫步。当你放慢了平时紧张的脚步时,你会突然发现原来周围的景色如此美丽,你的心也会随之安静下来。

6. 登登高。

俗话说:"站得高,望得远,想得开。"旅行是散心解闷的好办法。你可以攀登高峰看日出,感受太阳喷薄而出的光和热,让清晨第一缕曙光照亮自己的内心;或遥望星空,让那份安宁与美好替你忘忧解愁;或面对大海,让所有的悲伤辛酸和抑郁都变得微不足道。当然,就算静静地站在自己家的阳台上看着街对面的人群,也是转移注意力的好方法。

许多人都喜欢在睡前泡个热水澡,放松放松紧张了一天的身体,这确实是个好办法。静静地躺在水中,让这种放松的感觉慢慢地流淌到手臂、肩膀直至全身。当身体处于一种极度放松的状态,精神也会跟着轻松起来。

孩子需要我们的理解·207

7. 写写日记。

写日记是一个很好的发泄渠道。有了什么心事,又不便对他人提起,或者有什么委屈和愤恨,你都可以用笔记下来。在写的过程中,你会感到情绪渐渐稳定下来,当初的激动不见了。而且对青少年来说,写日记还是锻炼写作能力的捷径呢。

8. 想想心事。

让孩子经常运用冥想的办法,这样做可以使人达到一种超越自我的精神境界,也是一种很好的放松方法。只需几分钟,就可以暂时忘记烦恼,让自己进入一种全新的意境之中。不妨让孩子找个清静的地方,换个舒服的姿势坐下来,专注于自己的一呼一吸。刚开始孩子也许把注意力集中于呼吸上而会胡思乱想,没关系,坚持一段时间就会见成效。

9. 找找心理医生。

也许孩子对自己的烦忧束手无策,那也可以在安静时鼓励孩子拨打心理热线,或者找个可靠的心理专家,让孩子尽情地一吐愁怀,甚至对最亲近的人不愿说出的隐衷,也可以毫无顾虑地和盘托出。有时,最简单的倾听也是对孩子情绪的抚慰。

心理有问题会不会影响孩子"长个子"?

父母在绞尽脑汁为孩子"长个子"增加营养时,有没有想过,孩子的心理也会影响到孩子的生长发育?

心理专家研究表明,不仅基因、营养、睡眠等因素能影响孩子长高,心理因素也能影响孩子的生长发育。因此,在孩子身体没有疾病,却出现生长发育缓慢的情况下,父母不应盲目地为孩子补充营养或使用一些营养制剂,而应考虑一下是不是孩子的心理出现了问题。

1. 影响孩子生长发育的心理因素包括以下几方面。

(1)因夫妻情感不和,家庭产生压抑气氛;

(2)因夫妻吵闹而引起分居或离婚;

(3)父母失业,出现低落的情绪;

(4)父母给孩子压力过大;

(5)父母在进食时批评孩子,使孩子产生逆反心理。

2. 心理因素对孩子生长发育的影响,会通过孩子的身体健康反映出来。

(1)家庭的压抑感潜移默化地作用在孩子身上,导致孩子情绪不稳定;

（2）孩子食欲不佳,缺乏营养;

（3）孩子睡眠时间不够;

（4）抵抗力低下,经常生病。

3.父母如何调整孩子的情绪?

（1）创造和睦的家庭环境和轻松愉快的氛围,不要因父母之间的矛盾而影响到孩子;

（2）在教育孩子上,不要轻易地打骂孩子,而要多讲道理、多鼓励;

（3）父母要实事求是,不要因期望过高而给孩子过多地加压;

（4）关注孩子的饮食,注意营养搭配,不要让孩子养成偏食习惯,绝不能在吃饭时批评孩子或严斥孩子,这样会影响孩子的食欲;

（5）若孩子是心理原因造成身体发育迟缓,父母不要盲目给孩子吃助长药,只要心理问题解决了,孩子生长激素分泌就会恢复正常,到一定年龄段就能迅速增长。

由此可见,孩子的健康是分两方面的,其中任何一方面出现问题,都会产生"短板效应",对孩子的身体发育产生不良影响。因此,父母在关心孩子生理健康的同时,切勿忽略了孩子的心理健康。

怎样帮助孩子克服害羞的心理？

在社会生活中,经常会遇到一些家长因为孩子害羞、胆怯而苦恼,看到别人的孩子落落大方就十分羡慕,要改变自己孩子的毛病又很不容易。怎么办呢?"我的孩子性格非常内向,平时见人就脸红,更为严重的是,她几乎不敢在课堂上回答问题。老师反映说,每当老师上课提问时,她都把头埋在书里,不敢抬头与老师的目光对视,表现得很紧张。一旦被叫起来当着大家的面回答问题,她脸上就一阵红一阵白,站也不是,坐也不是,有时还浑身发抖。请问,怎样才能帮助孩子改掉害羞的缺点呢?"

要改掉孩子内向、羞怯的个性弱点,首先要分析产生这种不良性格的原因。综合地归纳一下,导致羞怯、内向、胆小的原因大多有以下几个方面:1.父母管教过于严格,使孩子没有宽松和谐的生活环境,性格不能得到全面的发展,变得扭曲、内向、顺从。2.种种压力致使孩子情绪紧张、焦虑,对外界事物的反应过于敏感、心虚,对自己缺乏应有的自信心。焦虑过重的人很容易对一些事物产生恐惧心理,他们或者担心、犹豫,或者坐立不安、临场退缩。3.有些家长、老师不注意教育方法,对孩子过于粗暴,在孩子回答不上来问题的时候,把孩子训斥一顿,或者讥讽、数落孩子,使孩子的自尊心大受伤害,以致孩子一遇到类似的情形就胆小、害羞、紧张,甚至浑身发抖。

要改变孩子这种性格缺陷,家长应和老师配合,耐心地对孩子进行引导。1.家长对孩子的要求与孩子的年龄、能力水平相当,既不要过于苛刻,也不要过于溺爱。如果对孩子的要求过高过严,会给孩子造成压力,孩子就会在遇到老师提问或当众表演节目时由于害羞紧张出现气短、心跳、出汗、头晕、呕吐、腹泻等生理上、心理上的不适应。2.家长要培养孩子充分的自信心,培养孩子坚强的意志和开朗的性格。爱害羞的孩子大多性格比较内向,意志不坚强,而且比较沉默寡言,不能承受挫折,家长应在日常生活中多给孩子锻炼的机会,并带孩子参加各种各样的活动,学会与人交流,逐渐改变孩子腼腆、内向的性格。3.家长应选择一些简单易行的活动让孩子自己去做,并在孩子取得成绩时及时给予表扬。由于孩子过分羞怯,如果总是让他们碰到挫折、困难,会使他们变得更加胆小、内向。家长若能根据实际情况选择一些孩子力所能及的活动,并在孩子做得好时加以鼓励,就可增强他们的自信心,使他们的性格变得开朗活泼。4.有的家长一看到孩子在某些方面做得不好,就不分青红皂白地把孩子批评一顿,有时甚至用很尖刻的语言伤害孩子的自尊心。这样做,会使孩子变得更加胆小孤独、沉默寡言。

总之,孩子的心灵是非常敏感的,因此也非常容易受到伤害。有时家长只是说了一句没在意的话,就可能给孩子的心灵造成创伤。希望家长在与孩子相处时,要谨慎而把握好分寸。孩子的心理问题多半是由家长的教育方法不当而引起的。

孩子常常感到羞怯，怎么办？

曾有人做过调查，在1000名女孩中，约有35%的人都认为自己有胆小、怕羞的心理。青春期的女孩与男孩相比，更容易受到羞怯情绪的困扰。即便是男孩，也不像人们通常所以为的那样，他们也常常会因为自己的羞怯心理而感到烦恼。

造成羞怯的原因并不复杂，主要是少年时期与外界接触少，社会实践少，使本来脆弱的神经系统没有得到足够的锻炼，缺乏控制能力。另外，女孩子比男孩子对安全感有更多的需要，因此在别人面前便也多了几分羞怯。

羞怯，在某种程度上是美的，犹如刚刚绽放的月季、蹒跚欲飞的小鸟，自然、清新。但羞怯毕竟不是优点。在公众场合中，需要你落落大方的时候，你却不敢动、不敢言，未免显得小家子气了。

我们可以找出一些简单的方法来克服羞怯心理。

1. 转移注意力。

当你感到紧张、心跳过速的时候，可以转换一下视线、变换一下姿势、说两句寒暄的话，这样就可以克服羞怯心理。

2. 增强自信心。

羞怯大多是由自卑等心理不平衡状况所致。在因自卑而胆怯的时候,可以从内心进行认知的自我平衡,不要对自己全盘否定;相反地,多想想自己的长处,从而产生自信。

3. 寻找突破口。

在与他人交往时,可能由于某些原因我们会难以启齿,从而导致心理紧张。在这个时候,你可以转换一下话题,寻找突破口,使气氛得以缓和,等到气氛融洽,有利于说出真情时,再心平气和地说明自己的意图。

4. 向先进者看齐。

经常有意识地注意观察和模仿一些泰然自若、善于交际、活泼开朗的人的言谈举止,对照自己的弱点加以克服,并根据自己的气质形成自己的风格。

只要勇敢一些,坚持用以上的方法来训练自己,就一定能克服在和人打交道时的羞怯心理,变得落落大方、举止得当。

孩子为何怕见生人？

　　孩子在小的时候家长到哪里去他就跟着到哪里，长大一点后，家长就会发现孩子不愿意出去见人了，这当然与他希望有自己的生活空间有关，但是更重要的是他不想见到陌生人。一位家长告诉我，他的女儿是初三住读生，最近给他写了封信："爸爸：不知为什么，我越来越害怕与人交往，尤其怕接近男生，见了男生就心慌意乱，呼吸紧促，浑身不自在，想远远躲开。我常常在心里问自己，为什么会变成这样？想来想去，大约与一件事有关。记得上初二的时候，班上来了个插班女生，她长得很漂亮，同学们不分男女，都喜欢和她交往，尤其是班上的男生，大多成了她的好朋友。从那时起，我开始羡慕她，并受她的影响，悄悄打扮自己。可惜我长得不漂亮，小眼睛、大鼻子，任我怎么打扮，男生也不注意我，我又不愿主动接近他们，怕受冷落，被人耻笑为'自作多情'。就这样，我从怕接近班里的男生，渐渐发展成害怕所有的男性……"

　　如今是新的时代，男女交往很正常、很普遍，也很必要。可是，女儿如此害怕男性，这位家长真的很担心她。

　　从这位女儿信中所描述的情况来推断，她应该是患了一种心理疾病——社交恐惧症。

社交恐惧症是心理不健康的一种表现,多发生在青少年时期。这种心理疾病的主要症状是怕见人、怕与人交往,尤其害怕和异性接触。进入青春期的少男少女,需要同性和异性的友谊,他们害怕孤独,渴望被别人接纳。尤其是那些情窦初开的少年,会自觉不自觉地注意自我,注意自己在他人眼中的形象,特别注意异性怎样看待自己。与之相矛盾的是,青春期又是心理闭锁期,这使他们既渴望与人交往,又害怕交往,不敢主动敞开心扉。两种互相矛盾的心理交织在一起,就很可能导致社交恐惧症。从女孩的信中不难看出,致使她社交恐惧、怕见男性的最主要原因就是"任我怎么打扮,男生也不注意我,我又不愿主动接近他们,怕受冷落,被人耻笑为'自作多情'"。这个女孩一方面想与异性交往,从异性那里得到不同于同性的友谊;另一方面,她又自卑,认为自己"长得不漂亮,小眼睛、大鼻子",这种心理障碍转而成了她的社交障碍,使她在异性面前胆小羞怯,最后发展为害怕所有男性。

那么,得了社交恐惧症怎样才能矫正过来呢?最有效的办法还是心理分析疗法。

首先,可以告诉女儿,男女生正常交往是好事,用不着害羞。渴望与男生交往,却又不敢主动接近男生,这种矛盾心理是她产生社交恐惧症的根源。家长应鼓励她主动与男生说话,主动与男生来往,哪怕主动向男生点头打招呼也是好的。

其次,教女儿正确认识自己、评价自己。可以说,自卑是妨碍她与人交往的又一重要原因。如果她长得漂亮,也许就会有信心,就不会羞于主动接近异性。所以家长应该告诉她,人的美与丑不完全取决于外部形象,衡量一个人的价值,除了容貌还有许多更重要的东西,如人品、气质、能力、智力等等。女儿虽然长得不漂亮,只要她诚恳待人,以心换心,是会获得异性友谊的。

同时,还要提醒她不要过于敏感,看见男性就"浑身不自在",总担心别人冷落她,耻笑她"自作多情",成天疑神疑鬼。别在意他人的眼光、神态,不要思虑重重、瞻前顾后。

最后,还可以用刺激法来治疗她的心理疾病。也就是说,她怕什么就让她接触什么,以此来刺激她脆弱的神经。家长可多为她创造一些与男生接触的机会,不要让她逃避与异性的交往。要知道,患有社交恐惧症的人相对来说都是内向、胆小的,只有多与自己所害怕的事物接触,才能使她消除恐惧心理,战胜自我,走出自己所制造的心理樊笼。

当然,这些措施是不可能立竿见影的,家长也实在没有必要急于求成,只要耐心细致地做好女儿的思想工作,调解她的紧张情绪即可。不过,需要提醒的是,得对女儿讲清楚什么是异性友谊,使她明白友谊和爱情是两码事。如果不事先弄明白这一点,刚刚进入青春期的女孩就可能走向另一极端——早恋。

孩子嫉妒心强，怎么办？

现在流行这么两句话：孤独寂寞冷，羡慕嫉妒恨。为什么如此流行？就是因为在我们的生活中嫉妒是难以避免的，更何况是孩子。

有一些孩子常常因为嫉妒别人而闹情绪，使家长感到苦恼。那么面对嫉妒心较强的孩子，家长应如何教育呢？

嫉妒是不良的心理状态，是个人与别人比较后，发现别人在某一方面或某几方面比自己强而产生的一种由羞愧、不满、怨恨、愤怒等组成的复杂情绪。每个人都会产生嫉妒心理，而且从儿童时期就开始了。随着人的成长和成熟，很多人对嫉妒这种心理有了认识，并且进行自我调控，因而表现就不一样了。这样看来，有的孩子嫉妒心强是不成熟的表现，只要引导得当，就不难克服。

嫉妒心的产生，与人最关心的事物相联系，因年龄而异，因人而异。孩子们之间的嫉妒常常表现在以下几个问题上：

1. 嫉妒别人学习好。

学习是孩子们的主要任务，学习成绩是评价孩子的重要指标。因此，有的孩子学习不如别人就嫉妒别人。有一个班级曾经发生这样的怪事：在期中考试前一个星期，班上成绩最好的几个同学的笔记本不翼而飞,这几个同学有多着急可想而知。考试之后,笔记本又回到了那几位同学的课桌里。显然,这不是一般的恶作剧,是某个同学出于嫉妒心理,采用了不道德的手段。

2. 嫉妒别人受表扬。

这在孩子们中是常见的现象。别人受了表扬,有的孩子暗中不服气,有的公开挑人家的缺点,也有的故意表现出无所谓的态度。其实,他们的心理反应是:"有什么了不起?我也做得来。"

3. 嫉妒别人受到老师重视或与老师关系好。

这固然也有老师的责任,应该调动每个同学的积极性。但是,嫉妒是没有好处的。有的孩子因为不被重视或与老师的关系不如别人好而嫉妒受老师重视及与老师关系好的同学,并且常常迁怒于老师,背后议论老师,甚至对班上的某些事情采取消极的态度。

4. 嫉妒别人与其他同学关系好。

同学之间的亲疏变化,常引起嫉妒心理的产生。

有一个小男孩与几个男同学关系不好,当那几个男同学与女同学一起外出游玩时,他偷偷拍了照片,交给班主任,添油加醋地说这几个同学"作风不好"。其实,那些同学一起游玩,是家长单位发的票,几个同学没有任何不良表现。这个小男孩是出于嫉妒心理才这么做的。

5. 嫉妒别人的条件优越。

孩子们普遍希望有漂亮衣服、名牌衣服、好的文具、好的玩具等,由于家庭条件不同,家长教育方法不同,总会产生有这个没那个的现象,这是正常的。但是,一些孩子会因此而产生嫉妒心理,对有比自己好的东西的同学嫉妒,总想比过人家;当别人的东西脏了、坏了时,甚至幸灾乐祸。

孩子产生嫉妒心理,还有多种情况,上面几种是常见的。那么,如何进行引导教育呢?

1. 讲清嫉妒的危害。

嫉妒有两方面的危害。

一是破坏人际关系的和谐。当一个人嫉妒另一个人的时候,就不会对那个人友善、热情,两个人的关系必然冷淡。嫉妒的对象越多,关系冷淡的对象越多,这会极大地妨害人际交往。而且,这不只是个人的问题,还会破坏集体的团结和良好的心理氛围。

二是造成个人的内心痛苦。一个嫉妒心强的人,常常陷入苦恼之中而不能自拔,时间长了会产生自卑,甚至可能采取不正当的手段去伤害别人,使自己陷入更恶劣的处境。法国文学家巴尔扎克曾经说过:"嫉妒者比任何不幸的人更为痛苦,因为别人的幸福和他自己的不幸,都将使他痛苦万分。"

2. 教育孩子承认差异,奋进努力。

现实中人必然是有差异的,不是表现在这方面,就是表现在那方面。一个人承认差异就是承认现实,要使自己在某方面好起来,只有靠自己奋进努力。嫉妒于事无补,而且会影响自己的奋斗精神。

嫉妒心理的一个特征是希望嫉妒对象发生变化,由好变坏。有人说这是"东方式嫉妒"的特征,我不敢苟同,因为我们东方自古就有"见贤思齐"的教诲。我们应该把"努力改变自己"作为正确的指导思想。

家长千万不可用贬低孩子所嫉妒的对象的办法来减轻孩子的

嫉妒心理,那样会导致孩子放大别人的不足而放弃自己的努力。

3. 教育孩子不断提高自我认识水平,正确地评价自己和别人。

提高自我认识水平,是克服嫉妒心理的基本途径。教育孩子经常反问自己:"我现在各方面表现如何?有什么优点?有什么缺点?跟上个月(或上个星期)比较哪些方面有进步?哪些方面有退步?我该怎么办?我有决心再上一个新的台阶吗?我是否应该听取爸爸、妈妈的意见?是否应该征求老师、同学的意见?"同时,教育孩子在班上给自己寻找追赶的榜样,看到别人的长处。一个孩子如果能经常这样去想问题,嫉妒心理就会被慢慢打消,而能够客观地评价自我,客观地评价别人。

嫉妒是每个人都会产生的情绪,只是处于未成年期的孩子更需要有效的引导与释放。以上几种做法,家长不妨一试。

孩子落榜，家长该如何调节其情绪？

人的一生都伴随着考试，每一次考试考的不仅是知识和水平，更主要的是心理。考试是人生中的一道坎，有成功者就有失败者。很多青少年因为各种各样的原因落榜了，这时的他们心理状况是极其复杂的，处理不好就会有种种消极情绪。为此，每一个考生如何面对、怎样调节，就显得尤为重要。

1. 感到失落。

因考试失利而对自己不自信，对未来很迷茫，心灵蒙上沉重的阴影而不能自拔。

2. 悔恨不已。

悔恨自己平时不用功，没有听父母和老师的劝告。悔恨考试时粗心大意，没有仔细审题。

3. 产生负罪心理。

觉得对不起父母对自己的养育，辜负了亲朋好友的期望，有负疚感。

4. 极度不自信。

有些孩子把考场失利看得很重，严重地伤害了自尊心，从而对自己的能力产生怀疑。

这些不良情绪困扰着孩子。要消除这些不良情绪,首先是家长、老师和周围的亲朋好友要积极对落榜的考生进行心理疏导。当得知落榜的消息后,要关心、体贴和安慰考生,"今年考不上,明年再继续努力""即使考不上,也会有所作为"。在工作岗位上通过多种途径,同样可以实现成才的理想。要鼓励考生走出阴影,寻找未来的道路。千万不可讥讽责骂、埋怨批评落榜的考生,或者另眼相看,伤害他们的自尊心,增加其精神负担。

除此之外,更重要的是考生要学会自我心理调节。

1. 要调整好心态。

当落榜已成为现实时,要勇于正视现实,认清现实,从后悔中走出,并调整好心态。

2. 要学会分散注意力。

不要对挫折耿耿于怀,这时最好找一件你最喜爱的事情去做,如约几位好友或亲人去游玩或做一些有意义的事。

3. 要学会倾诉。

落榜以后,考生如果感到心情压抑,可以找来家里人或亲朋好友,把不开心的事向他们倾诉一番,把心里的压抑和不满释放出来,以减轻思想负担,达到心理平衡。

走过来的人都知道,考试不过是漫漫人生路中一次平常的考验。一时的失利算不了什么,人生美满不在于起点如何,而在于能否笑到最后。

培养孩子健康心理，家长要注意什么？

孩子的健康心理到底从什么时候开始培养？很多家长认为孩子小，往往不加以重视，实际上儿童时期是培养健康心理的黄金时期，各种习惯和行为模式都在这时形成。如果能有一个好的开始，孩子的品德、智力将在未来得到健康的发展；如果在此时忽略了孩子的心理卫生，那么，要想孩子成人后有健全的人格和健康的心理，就比较困难，甚至是不太可能了。

所以，家长要十分重视用正常的心理原则来训练儿童。那么，家长应该注意些什么？

注意不要过于亲近孩子，应该鼓励孩子与同龄人一起生活、学习、玩耍，这样才能学会与人相处的方法；不要过分地关心孩子，过分关心孩子容易使孩子过度地以自我为中心，认为人人都应该尊重他，结果成为自高自大的人；不使用贿赂孩子的办法，要让孩子从小知道权利与义务的关系，不尽义务不能享受权利；不要勉强孩子做一些不能胜任的事情；孩子的自信心多半是由做事成功而来，强迫他们做力所不能及的事情，只会打击他们的自信心；不要对孩子太严厉、苛求甚至打骂，这样会使孩子养成自卑、胆怯、逃避等不健康心理，或导致反抗、残暴、说谎、离家出走等异常行为；不要欺骗和无谓地恐吓孩子,吓唬孩子会丧失父母在孩子心目中的权威性,以后的一切告诫,孩子就不会服从了;不要在孩子的小伙伴面前批评或嘲笑孩子,这会造成孩子怀恨和害羞的心理,大大伤害孩子的自尊心;不要过分夸奖孩子,孩子做事取得了成绩,略表赞许即可,过分夸奖会使孩子沾染沽名钓誉的不良心理;不要对孩子喜怒无常,这样会使孩子敏感多疑、情绪不稳、胆小畏缩;要帮助孩子分析他们所处的环境,帮助孩子解决困难,而不是代替他们解决困难,应教会孩子分析问题、解决问题的方法。

当然,要让孩子的心理健康发展,不但要给予他们良好的教育,做父母的更要为他们做出良好的榜样,促进家长与孩子的双向进步。

怎样让孩子的心理健康成长？

孩子的心理状态如何,往往也反映了父母心理健康与否。为孩子营造积极的心理环境,是父母需要做足的功课。譬如：

1. 和孩子亲近。

家庭内部民主平等的人际关系是孩子心理健康的"维生素"。一般民主协商型父母与独断专制型父母相比,前者培养出来的孩子更通情达理,受同伴欢迎,能与人友好相处,乐于助人。因此,父母要做到:尊重孩子,认识到孩子也是一个独立的人,有自己的情感和需要。放下家长的架子,使孩子觉得父母和蔼可亲。

无论孩子做了什么好事或取得了什么成绩,父母都要表示祝贺,绝不能吝啬赞赏。

当父母意识到自己对孩子可能讲错了话或做错了事之后,要勇于向孩子承认错误并及时道歉。

2. 让孩子快乐。

轻松愉快的情绪能使孩子顺利地进行各种活动。因为孩子情绪的发展具有易受感染的特点,所以,父母要为孩子树立榜样,时时处处用自己乐观向上的情绪去感染孩子。

父母之间要建立和谐、默契的关系,以便对孩子产生潜移默化的影响。要使孩子心理健康,父母要做相应的"精神投资":深情地注视孩子,和孩子进行温馨的身体接触,全心全意地关心孩子。

要对孩子宽严并济。既不能为了赢得孩子的开心,对孩子所有的要求都满足,也不能苛求孩子处处都比别人强。要注意纵向比较,一旦发现孩子的闪光点和点滴进步,要及时加以表扬。

3. 让孩子认识自我。

孩子是否能正确地认识自己、评估自己的能力,是判断其心理是否健康的一项重要指标。父母应使孩子认识到世界上只有一个"我"。"我"是独特的,"我"是能干的,"我"有许多的优点,"我"能改正自己的缺点,做个好孩子。

此外,塑造孩子良好的个性品质也十分重要。在培养孩子独立性的时候,父母要寓教于日常生活之中,教育孩子自己的事情自己做。孩子在成长的道路上不可能是一帆风顺的,父母应注意培养孩子坚强的意志,提高孩子的抗挫折能力。

青春期偏偏撞上更年期

厌学！逆反！早恋！贪玩！样样戳心！

泪水和汗水化学成分差不多，泪水只能博得人们的同情，汗水却博得人们的敬重。

"现在的孩子真难管!"小时候不懂事,给孩子吃给孩子穿总算拉扯大了,现在越来越不听话了,讲少了不管用,讲多了又说是啰唆,嫌烦,真是没办法。

家长的心声是共同的。如果在孩子很小的时候没能让孩子养成让孩子良好的习惯,长大后可就要"交学费"了。尤其是当即将处于更年期的父母面对正在成长逐步步入青春期的孩子时,往往是既喜又忧:喜的是孩子长大了;忧的是孩子偏离了轨道,自己把握不住。尤其是孩子在青春期的种种表现真是让很多家长伤透脑筋。

现在处于青春期的孩子,存在比较突出的问题,主要是早恋、迷恋网络、厌学现象、逆反心理强等等,但这不能用"问题孩子"来定性。有些孩子之所以有问题,恰恰是家庭和社会导致的。因为网络,有多少人家破人亡,多少孩子学习一落千丈,陷入网络游戏而不能自拔的年轻学子更不知有多少!天下有多少父母,束手无策,唤不醒这些迷途的羔羊!如果家长不同意孩子在家里上网,他们可能会去其他的地方,很有可能出现更严重的后果,因此单纯地禁止孩子上网显然等同于因噎废食……

家长们一般都深知早恋的严重危害性,平时对孩子的异性交往监督很严,一有蛛丝马迹,必查个水落石出。其实,早恋并不是洪水猛兽,家长用不着惊慌失措,更用不着大呼小叫或采取一些"专政"手段。早恋现象的出现,固然离不开社会因素、家庭因素,更离不开心理因素、思想因素。为此,解决孩子的早恋问题应着重从心理因素、思想因素入手,去了解情况,和孩子沟通,理解孩子;同时也让孩子理解你,感觉到你对他的爱护。孩子很小便交异性朋友,那是早恋吗? 不可轻易下结论!他为什么要上网聊天、打游戏? 天天学习不枯燥吗? 为什么厌学? 单调的教学方法、单一地追求分数能让人有什么兴趣? 如果孩子真的早恋了,如果孩子迷恋网络,如果孩子真的厌学了,你得想办法!

曾获诺贝尔文学奖的作家奥罕·帕慕克年少时长相俊秀、气质儒雅,拉得一手漂亮的手风琴,而且,英语口语在同学中无人能及。情窦初开的少女们追求他,更有貌若天仙、伶俐可爱、赫赫有名的皮草大王的女儿频频向他示爱。这样漂亮、多情而又率性、热忱的女孩,使莽撞、毛躁的少年奥罕无法抗拒,不知不觉地陷入了女孩用温柔和热情编织的情网。

父亲敏锐地察觉到儿子的变化,直言不讳地问儿子那个入了他法眼的女孩是谁,并告诉儿子:"还是到此为止吧,听爸爸的话。"

奥罕为自己辩解:"爸爸,是她主动的,况且她的条件的确不错呀!"

父亲轻轻摇头:"奥罕,你还太小。"

"太小? 爸爸,我已经19岁了,是一个男子汉了。而你,当年只有 17 岁不就和妈妈开始交往了?"奥罕自认为抓住了父亲的把柄。

可是,父亲说了这样一番话:"你说得没错,可我 17 岁的时候已经在葡萄酒作坊当酿酒师傅了,每个月能拿 2 万里拉。我是说,我当时已经能够自食其力,有一定的经济实力为爱情埋单。你呢,1 里拉都挣不到,你凭什么心安理得地爱自己心仪的女孩?"

父亲又语重心长地安慰奥罕:"不是爸爸古董、封建。你想想看,一个男人,如果没有经济基础,不能为他的爱人提供必要的物质保障,如果你是女子,你会怎样看待这样的男人? 儿子,我告诉你,我一直都认为,一个男人,如果没有一份挣钱的工作,不能自食其力,哪怕他 40 岁甚至 50 岁,都不配谈恋爱,谈了,就是早恋;相反,只要他有立业挣钱养家的本事,15 岁恋爱也不算早恋!"

一语惊醒梦中人,经过思想斗争,奥罕从女孩身边安静地走开,从这段虚幻缥缈的无根之爱中抽身而退。

奥罕牢记父亲的嘱咐,知道自己涉足爱情还为时过早,于是集中精力于学业,最终一举考上土耳其最好的国立大学,奠定了日后事业的基础。

荣获巨奖之后,奥罕曾在重要场合多次坦言自己感激父亲当年"温柔地扼杀了一种愚蠢而羞赧的情绪",让自己避免了蹉跎年华。

奥罕父子当年的交谈,堪称"人类文化史上绝无仅有的经典细节"。

成长中的孩子特别容易出现四大突出问题:厌学、逆反、贪玩(沉迷网络)、早恋。做家长的要善于和孩子交流,多沟通、多谈心,帮助他们解决心理问题,成为孩子心灵上的朋友。

青春期孩子有哪些教育方法？

许多父母对教育青春期的孩子感到疑惑，那么不妨来看看美国父母教育孩子的五种方法。

1. 运用委婉的方式更有效果。

12岁的姑娘丽奥卡，好交朋友，她有个爱好，喜欢独占电话，常常和朋友们打电话聊上个把小时。其母亲施奈德并没有简单命令丽奥卡少打电话："我和她谈起她在幼儿园时我就灌输给她的有关他人权利的观念。"施奈德十分感慨地说："从此以后，她尽量缩短打电话的时间，并在打电话之前总是先询问我要不要使用电话。"

2. 具体问题具体对待。

父母原先认为是孩子"逆反"的行为，也许根本不是这么回事。美国加利福尼亚州有一家人一直是星期天早上9点参加弥撒，然后一起用早餐。一天，这家16岁的男孩马克说他要迟点起床。父母可以把这解释成典型的青少年对家庭和宗教的逆反，但他们没有这样做，而是平静地询问他是怎么回事。原来孩子头天晚上一直在忙他学校的报刊，非常疲劳。于是全家人把宗教活动推迟到11点举行。

3. 方式灵活。

父母不必在每一个问题上观点一致,且可以用灵活的方式。

4. 学会尊重。

孩子也需要得到尊重,父母不要一味去干涉孩子的行为。

5. 方式很重要。

在孩子们十几岁时,母亲多罗西里奇一直把一个直径6英寸的阿司匹林药罐放在餐桌旁,一旦家里出现了激烈的争吵,例如女儿不顾第二天的考试而想去赴约会,多罗西里奇便会煞有介事地把这个大药罐摆放在餐桌中间,以"减轻"每个人刚被引发的"头痛",这样常常会使全家人哄然一笑,紧张的气氛顿时得到缓和。

对青春期孩子的教育应该注意什么？

孩子步入青春期后，由于体内性激素的分泌和刺激，性意识在朦胧中产生，性开始趋于成熟，对异性逐步感兴趣，不时产生一股与异性亲近的渴望和需求，并开始有了自己的秘密，把日记本藏得严严的，偷偷看起爱情小说，甚至有了自己的心中偶像，有的还会给异性同学递字条、写情书，与异性同学约会。其实这些都是正常现象，这时做父母的要设身处地地去体验他们的内心世界，关心他们的需要，而不要藏着掖着刺激他们的好奇心；让他们把这事当作平常事，适时适度地给他们介绍一些科学的性知识，使其由朦胧产生的神秘感、好奇感逐渐消退。从小就要让他们知道男孩与女孩在生理上是不一样的，和许多生物一样，都有两性的区别，把男人和女人的区别视为平常自然的事情，就不会有太多的好奇心和窥视欲。因为越是平常地看待性知识，孩子心理反而越健康。

青春期孩子有了异性相吸的性意识，这是正常的生理心理现象，同时青春期也是一段高度敏感、复杂的成长过程。这时的家长应以平等的身份与孩子沟通和交流，充分尊重孩子的人格，给予他们更多的关爱，要让孩子明白，一方面，性的萌动没有错；另一方面，又需要理智、正确地去面对。

允许和鼓励孩子与异性的正常交往,尊重他们的隐私,不要私拆他们的信件及偷看日记,要加强沟通,经常与他们交心,做孩子值得信赖的朋友。对孩子的盲目冲动心理,要给予指导,帮助他们理智地超越情感,培育高尚情操。

以丰富多彩的生活充实家庭,吸引孩子的注意力,让他们在家中得到足够的情感满足,感到温馨。一旦孩子真正尝试"早恋",也应控制情感,切不要指责和辱骂,关键是不可激怒孩子,使其产生逆反心理。处于性格形成过程中的孩子格外需要正向情感,父母应该和风细雨,帮助孩子调整心态,使孩子轻松愉快地度过青春期。

孩子大了，为什么更难管教了？

孩子小的时候因为不懂事，常常让父母操尽了心。关于孩子的成长，每对父母都有说不完的故事，甚至有道不尽的辛酸。总以为孩子大了，懂事了，该省省心了，没想到孩子一到青春期反倒更难管教了。不是叛逆不听话就是常常惹是生非，不断地带来麻烦，原本温顺可爱的孩子，一下子变得不可理喻让家长无从应对。为什么呢？

人在小的时候，只要解决吃喝拉撒的问题，长大了可就不同了。因为人在吃不饱饭的时候只有一个烦恼，吃饱了之后就会有无数个烦恼。孩子大了，到了青春期，他不会再单纯地考虑生存的基本需求，追求的不仅仅是吃饱的问题，而是吃什么好吃、吃什么时尚、吃什么有营养、吃什么安全；对于穿什么，他自己有主张了，知道打扮，知道"臭美"了。他要选样式、选颜色、选新潮，赶时髦了；要他好好学习，他也不会像小的时候那样，只知道埋头做作业，现在他要思考学什么重要、学什么有用、干什么事会带来快乐。心思一多管教自然就难了。孩子有了成人意识，时时处处他总希望你把他当大人看，不能再说他小了，也许几年之后他又倒过来怕自己年龄大了，但是今天他希望家长把他当回事，理解他、尊重他、支持他、顺应他，最好不过的是别管他。在他们的心里,自己什么都懂,简直就是通才,殊不知他们真的还有很多事情需要父母来管。但是大多数父母真的不懂怎么管,还是以前那种方法,那种高调、一味地要求,这也不给做那也不准干,结果事与愿违,处于青春期的孩子,叛逆顶撞就越来越厉害,最后有些家长的管教方式变得更粗暴了,动辄打骂孩子,甚至恨铁不成钢将孩子赶出家门。有些父母屈服了,放弃了,对孩子听之任之不再管教了,结果呢? 那些真有自控力的孩子,在明白事理后成才了,更多的孩子却因为走了偏道,养成不良行为变"坏"了。

　　在孩子进入青春期之后,父母一定要细心研究孩子的心理,观察孩子的一言一行,设身处地地为孩子着想,耐心地对待孩子的诉求,与孩子做心灵上的朋友,适时地加以引导,使其不偏离方向,要抓大放小,该让孩子自己当家做主的就不要包办代替,尊重孩子的意见。当双方意见不一致甚至对立时,要冷静,不可以长辈自居,要以理服人。必要时实行冷处理,暂时放一放,寻找到最合适的机会进行教育和训导。鉴于孩子处于逆反期,父母也要尽可能多地运用多种方法与孩子沟通,比如写信、发短信、通过其他人员(当然是孩子比较信赖的人)等途径来帮助解决。

　　父母要相信,孩子在度过这一时期以后将会变得成熟、理智一些,父母与孩子之间的关系也会变得融洽、和谐。

对孩子要怎样进行性教育？

即使现在已经是21世纪，许多老师和家长还是持着一种"谈性色变"的态度。当然，在孩子处于青春期时对他们的正确引导是很重要的，父母不能任其发展，也不能矫枉过正，让我们先来看看国外在这方面是如何发展的。

瑞典：瑞典的性教育亦称"避孕教育"，是世界性教育的典范。在小学传授妊娠与生育知识，中学讲授生理与身体机能知识，到大学则把重点放在恋爱、避孕与人际关系处理上。1966年，瑞典开始尝试通过电视实施性教育。

芬兰：20世纪70年代初，性教育进入了芬兰中小学的教学大纲，连幼儿园也有正式的性教育图书。芬兰有本性教育书——《我们的身体》，家长可以像讲《一千零一夜》那样每天讲一节。

美国：从小学一年级起就开始传授生育、两性差异、性道德等知识，初中阶段讲生育过程、性成熟、性约束等，高中阶段讲婚姻、家庭、同性恋、性病、卖淫现象等，并向学生发放避孕套。最近10年里，全美有1/3的学校增加了禁欲教育，提倡将性行为推迟到婚后。

英国：英国法律规定，必须对5岁以上的儿童进行强制性性教育。所有公立中小学都将学生按不同年龄层次划分为4个阶段来进行不同内容的性教育。

在国内,性话题在亲子之间似乎还是禁忌。那么什么时候对孩子进行性教育比较好呢?其实,每个孩子都不一样,在性方面的成熟也有早有晚,只要孩子对性感到好奇了,就是对孩子进行性教育的时候了。

幼儿期:很多孩子在3—6岁时,都会问这样一个问题:"我是从哪里来的?"大部分家长都会回答从胳膊上或腿上掉下来的。其实这样"善意的谎言"对孩子的性教育帮助不大。家长不妨坦然地面对孩子的疑问,可以找个有趣的说法告诉孩子。比如,家长可以说:"因为爸爸爱妈妈,所以才在妈妈肚子里种下你,等你慢慢长大就出来了!就像大棚里的蔬菜小苗一样!"也可以带孩子到公园,借着观察动植物的机会,解释生物如何借由传递花粉及交配来繁衍生命,告诉他们,这是生物的本能,是很自然的事情。

青春期:孩子到了青春期,身体发育会伴随着性器官的发育,男生和女生在生理上都有不小的变化,比如女孩出现初潮、男孩第一次遗精。其实,在此之前,家长就应该给予孩子正确的指导。首先应该告诉孩子这是他长大的一个表现,以消除孩子心理上的恐慌与不安。其次,要告诉孩子应该小心保护性器官,尤其是上体育课或者玩耍的时候,不要让其受到损伤。同时应该趁机灌输一些性知识,比如可以给孩子讲解月经、遗精现象及其生理意义和保健知识;如何正确看待手淫问题;要孩子加强自身保护的教育等。

青年期:孩子上大学了,已算是成年人了,家长应对孩子进行有关恋爱择偶观的教育,并且进行婚前性行为问题的教育。不管男孩、女孩,都要为自己的性行为负责任,并且都要在保护自己的前提下考虑是否进行性行为。

　　当然,任何理论都不能提供性教育所需要的一切,还需要的是教育者完整的亲身体验。许多重要的经验来自教育者的教育实践。要想尝出食物的真味道,必须用自己的舌头。

如何与孩子谈论性问题？

为什么许多家长在与孩子谈论性问题时感到困难？这是由于许多家长感到他们知识有限。还有一些家长认为有关性方面的问题，孩子知道得越少越好，担心与孩子谈论这些问题会导致他们过早地进行性行为的尝试。再有我们中的许多家长也从来没有与自己的父母谈论过有关性的话题，不知道该怎样对孩子说。因此，作为家长，应该学习一些有关性方面的知识来充实自己，了解一些与性教育有关的知识。有了比较足够的知识准备，与孩子谈论性问题时才会有自信心。家长的自信心是轻松而有效地实施性教育的关键。

如何与孩子谈论性问题，下面一些观点可供家长参考。

1. 教给孩子正确的名称。

要尽可能地教给孩子身体各部位的正确名称，如阴茎、外阴等。这将有利于你与孩子更精确和方便地交流性方面的问题。身体上各部位的正确名称也有助于你向孩子解说什么是性侵犯。孩子也可以清楚地向你叙述是否有性侵犯发生。

2. 不要等待发问。

有时家长感觉孩子总也不问这些问题。其实，有时也没必要等到孩子发问才开始谈论。父母可利用身边或社会上发生的事件与孩子进行讨论,向孩子阐述自己对一些问题的看法和为避免一些问题的发生,应该采取的预防方法,以及事件发生之后,应该采取的解决问题的方法。

3. 当你不知道的时候要承认它。

有时面对孩子提出的问题,不知道该怎么回答,或根本就不知道。这没有关系。向孩子承认自己不知道。好的办法是与孩子一起查资料,去寻找答案。通过这件事也可使你在孩子面前树立一种诚实品质、为孩子解决问题的榜样。

4. 你做的和你说的一样重要。

父母应注意孩子从大人身上得到的非语言信息。如夫妻之间的相互尊重、忠诚、共同承担家务、尊老爱幼、助人为乐、文明礼貌、对工作认真负责、诚实守信等等都会通过父母的行为传递给孩子。

5. 尊重你的孩子。

以下讨论三个重要的影响因素,这些因素将影响你的孩子如何处理青少年及以后成年的性问题。这三个因素是:自尊、隐私和如何做出决定。

(1)帮助孩子建立自尊。

自尊是正向的自我观念,是一种对自己的尊重和喜欢。良好的自尊是心理健康的一个非常重要的部分。表扬和支持可促使儿童建立自尊,一味地批评不利于儿童建立自尊。父母在帮助儿童建立自尊方面似乎有着自然的能力,你看,当孩子最开始试图说话或学习走路的时候父母给孩子以极大的鼓励。孩子的自信、自尊需要来自家长的鼓励,而且这种需要一直持续到青春期。

国外有研究表明,自尊心强、自我感觉良好、认为自己是值得受尊重的青少年,与其他青少年相比,极少有与性有关的问题。自尊心强的青少年开始性行为的年龄晚,一直到比较成熟的年龄才开始。因此,应注重培养孩子健康的自尊心,这也是使他走向成熟的一个非常重要的部分。

(2)尊重孩子的隐私。

隐私的概念应该从开始对孩子进行性教育时起就灌输给他。一个学步的小孩当他被告诉某些东西是别人的不能动时,他就有了某种最初的拒绝的概念。告诉孩子,生殖器是人的隐私部位,在没有得到我们自己允许的情况下其他人无权看或摸这个部位。告诉孩子不要摸其他人的生殖器。

当告诉孩子大人需要隐私的时候,同时也要给予他们隐私的权利,这一点非常重要。这意味着尽可能早地尊重孩子的隐私愿望,当他们长大时就应完全尊重他们的隐私。这就是说,当孩子上学的时候不要搜查他们的房间,不要偷看他们的日记和信件,不要背地里监视他们;允许孩子有他们自己的想法和做法。

在与孩子讨论某些问题时要注意听,不要过多评论,让孩子觉得,父母愿意倾听他们的想法,可以与父母平等对话。这样,孩子有什么事情也愿意和你说。父母一样可以把自己的价值观、判断是非的标准清楚地告诉孩子。

(3)帮助孩子学习如何做决定。

发展孩子做决定和自我判断的能力也是性教育的一个非常重要的内容。我们的孩子做出的有关性的决定,多数情况下是自己私下里做出的,也就是说,都是我们不在场、没有指导他们的情况下做出的。随着孩子年龄的增长,遇到的情况和做出的决定也会变得更加复杂。父母要教孩子做决定的技能,告诉孩子有关信息、价值观、自信,怎样去做会有最好的结果,并尽可能早地让他们有练习自己做决定的机会。在学习做决定的过程中,增加他们的责任感。支持孩子做出决定并尊重他们的选择也是非常重要的。

在青春期前或青春期多数孩子将面临与性有关的情境,不得不做出他们的决定,他可能需要知道什么样才是一个安全的约会或郊游,什么情境潜伏着性侵犯的危险。对一些情境如何做出较好的决定,将部分取决于他们在儿童早期发展起来的技能和信心。

怎样对待青春期男孩常见的攻击行为？

青春期的男孩往往攻击性特别强。他们可以为一件鸡毛蒜皮的小事而大打出手，又莫名其妙就握手言和。攻击行为是一种以引起伤害或痛楚为目的的行为，对社会和个人都是极其有害的。

为什么处于青春期的男孩常会有这种行为呢？

首先，这是天性。同样一件事情，会使一个男人产生攻击行为，却不会引起一个女人勃然大怒，而往往只会使她焦虑不安。

其次，青春期的男孩自尊心强，对挫折的反应特别敏感，而挫折是导致攻击行为的主要原因。心理学家曾做过这样一个实验：让一些男孩站在玻璃墙外观看满屋吸引人的玩具，在长时间的痛苦等待之后才允许他们去玩玩具；而另一组孩子没有等待，直接让他们玩玩具。那些事先未受挫折的孩子非常高兴，爱惜玩具；而那组经过等待、受过挫折的男孩表现出极端的破坏性，他们往往打碎玩具，或把玩具踩在脚下。这是一例因受挫折导致攻击行为的非常典型的心理实验。

有的学习成绩较差的早熟孩子常以学习以外的形式表现自信和自尊。比如：酷爱体育竞赛，打架，在人际关系中称王称霸等。有的晚熟的孩子则常被教师和同龄人忽视，自卑感较强。但是，他们有强烈的表现欲,他常会做一些恶作剧式的攻击行为,以引起别人的注意。

还有,男孩子们往往模仿那些争强斗狠的男人,把攻击性认为是男性角色的重要特征。

可见,攻击性行为是处于青春期的男孩体内的一种能量的外在表现。所以,为这种内在的能量寻找一个不危害社会的释放渠道是十分重要的。

丰富的课余活动,特别是体育运动和音乐是释放这种能量的有效手段。此外,青少年的择友在其个性形成过程中起着重要的作用,与性格比较平和、非攻击性的朋友交往,能够有效地减少攻击行为。

正确对待挫折。人生在世会有这样或那样的挫折,要正视挫折,总结经验,找到受挫折的原因并加以分析,而不是一遇挫折就采取攻击行为。青年人要努力培养心理承受能力,对挫折采取积极的富有建设性的措施,培养自己必要的涵养。父母需要提醒孩子:只要不是原则问题,就可大事化小,小事化了。适度容忍、宽以待人,避免产生攻击行为。受挫后,尽量用另一种可能成功的目标来补偿代替,以获得集体、他人对自己的承认。

青春期的女孩为何多愁善感？

常常能在报纸、杂志上看到一些花季少女的文章，字里行间尽是怜春悲秋的伤感情调。现实中的她们是否也是这样呢？

当一个人步入青春期后，随着抽象逻辑思维、独立意识和自我意识的发展，往往不仅发现了自我，对周围事物形成了自己批判性的见解，而且随着成熟的进程，开始把自己当成被观察的对象，较为强烈地关注起自己，开始自我审视和评价。但因此时的认识和自我认识能力还不够完善，所以对很多事物还不能做出全面正确的评判，"现实"和自己的认识之间常有很大的差距。这样，"自我觉醒"便给青春期的少男少女带来许多苦闷和烦恼，引发其孤独、抑郁的闭锁性心理。

那么怎样减少这种多愁善感的烦恼呢？在此为家长们提供一些建议以供参考。

1.尽量鼓励孩子多与人交流，与好朋友共同学习和娱乐，有什么困惑多和朋友诉说，处于同一年龄阶段的孩子们会有许多共同语言；只有这样，才能帮助孩子走出无助迷茫的精神世界，使孩子开朗起来。

2.要让孩子认识到自己正处于"自我意识"和"独立意识"的觉

醒和发展时期，与父母交往关系的疏远和人际矛盾往往是由自身生理和心理的变化引起的。而这种矛盾又完全可以通过相互沟通消除。因此，孩子必须懂得：虽然自己在长大，但还有许多不成熟的地方，必须依靠父母的指点和帮助，细细品味他们的意见。因为这是父母自己真实可贵的人生经验，对孩子的成长很可能有重大的指导作用。

3. 注意培养孩子广泛的兴趣和爱好，丰富他们的生活，同时，注意树立乐观积极的人生观，培养坚强豁达的个性。

伤感并不是某一类人群的专利，却特别为青春期女孩们所钟爱。这也并不是什么大不了的事，毕竟情思敏捷，能留心观察事物会培养一个人的才情。只是过度地多愁善感既显得矫情，也容易使人走向极端。人生路远，希望每一位青少年都能在美好的年华拥有一张活泼的笑脸。

青春期的孩子怎样与父母交流？

有这样一种现象，在青少年中并不少见，表现为走进青春期的孩子不愿或很少与父母交流。有人把这种现象称为"家庭沉默症"。这是由青春期的特点决定的。造成这种现象的原因有以下几种：

1. **青春期正常反应。**

孩子进入青春期后，一个很大的变化就是自主性加强了，他们通常以自我为中心，对事情有了自己的看法和处理办法，喜欢和自己年龄相仿的人交流思想。有了困难，宁愿向朋友启齿，而不愿求助于父母。这是生理发育和心理成长的正常反应。

2. **与父母没有共同语言。**

处于青春期的孩子都有这样的感觉，譬如遇到一些学习问题、人际交往问题，还有对娱乐、体育等自己感兴趣的话题，只有找到有共同语言的人才能真正畅谈。而父母与他们的观念不同，双方关注点也不同，也就是没有共同语言。因此在学校活泼开朗的孩子，回到家里就只能沉默了。

3. **需要一个"沉默"的时间和空间。**

青春期正是人生道路上价值观、人生观的形成时期，这段时期，他们变得比以前爱思考了，很多孩子都呼吁"我需要一个安静的空间"。这些对他们来说是调整身心的重要方式。

4. 沉默是武器。

有许多处于青春期的孩子说自己的父母管得太多,不放心自己和异性同学来往,怕结交上一些不三不四的人。自己一看电视、一上网、一听音乐,父母就会前来"关心"。甚至有的父母为了及时掌握孩子的思想动态,翻看孩子的日记、书包、来往信件,一旦听到风吹草动,就会"审问"个没完没了。这种行为是对孩子的不信任,孩子的自尊心会受到严重伤害,这时孩子的沉默就成了反抗父母的武器。

5. 厌恶家庭环境。

对小孩子来说,父母的争吵会使他们产生恐惧心理,随着年龄的增长,这种恐惧就变成了厌恶。长此以往,孩子就不习惯和父母接近了,更别提谈心了。

6. 瞧不起父母。

有些孩子觉得自己的父母文化水平太低,思想跟不上时代潮流,社会地位低下,没有很好的社会关系,碌碌无为,没有什么大出息,因此瞧不起自己的父母,从而不愿意和他们交流。

要消除家庭沉默症,家长和孩子都需要做出努力。对于家长来说,需要注意的是:

1. 创造好的沉默环境。

孩子的沉默有时是一种身心的需要,是青春期的正常反应,也是避免和父母发生不必要分歧的需要。但关键是在沉默之前,能够把家里的氛围营造好,避免父母的担心和打扰。

2. 向朋友取经。

父母们不妨经常针对一个共同的话题在一起聊聊,交流一下育子的经验,孩子们通过和朋友的交流,最起码可以排解压抑的情绪。

3. 正确看待父母的干涉。

父母无论怎样对待自己的儿女,都是出于一片爱心。儿女们要经常将自己的情况告诉父母,和父母交流彼此的感受。

对于处于青春期的孩子来说,需要注意的则是:

1. 不要忽略父母的感情。 儿女们一定要懂得父母的爱,多和他们说说心里话,这样你会发现,情况不像你想象的那么糟糕。

2. 阅读父母这本书。 也许父母赶不上潮流,也许他们不曾拥有轰轰烈烈的事业,但是,他们依然是值得儿女尊重的。如果想让父母和自己亲近些,儿女不妨鼓励帮助父母适应新鲜事物。

3. 做温馨家庭的润滑剂。 任何事物都需要和谐。儿女们既然觉得自己长大了,就应该主动想办法化解家庭中的一些矛盾,为家庭成员营造一个良好的沟通气氛。

人的自我意识在进入青春期后变得愈加明晰,此时父母稍加引导就可往好的方向发展;父母在日益老去,做子女的也应意识到这一点。而当双方都怀着真诚交流的意愿时,亲子之间就不会有那么多的隔阂了。

家长如何应对"早恋"?

一个朋友是北京一家大公司的高级经理,他是那种不太常见的父亲。在教育处于青春期的女儿方面,他有自己的思考和独特的做法,这与他的经历有关,也与他作为父亲的职责有关。

很多家长把性教育完全交给学校,这是错误的。学校的确要开设性知识普及课,但真正重要的性教育,肯定是在家里。因为孩子的问题会像蝴蝶交尾的联想一样,随时随地出现。而父母是最自然的老师。在家庭里,无论孩子提出什么问题,都不会受到嘲笑或呵斥。

在如何对待孩子初恋的问题上,这位父亲也有着让不少家长瞠目结舌的态度。

"我认为,初恋不仅是美好的,而且是必需的。"在李先生看来,初恋,就是初步感受到异性的吸引,开始对异性产生兴趣;必须让孩子知道在和异性的交往中会发生什么,喜悦、兴奋、焦虑、紧张、郁闷,这些都是必然会产生的情绪。如果你从未让他见识过这些,长大了猛一下遇上,他没有能力鉴别哪些是真的,哪些是泡沫,一段非常浅薄的情感就可能导致他无限投入。

"社会学者周孝正有个说法,在情感上要练童子功,我非常赞同。所以我对所谓的早恋一直抱一种开放的态度,甚至可能还带着一点鼓励。不仅不加禁止,还要和她共享。"有一段时间,女儿喜欢上了一个男生。这位先生开玩笑地和女儿说:"什么事这么高兴,是不是交男朋友了？多好的事,还不和老爸分享一下？"孩子看你是这个态度,当然会愿意和你说。

一般家长绝对做不到,不扇你一个巴掌就是好的。可是,这是必然要发生的事,是符合人性的,到了这个年纪,就会对异性产生兴趣,再正常不过了。

"我明确告诉她,初恋是人生最宝贵的情感之一,纯洁、愉悦,非常美好,但这还谈不上是爱情,只是吸引。其实就是希望她能磨出点心灵茧子,提高情感阈值。"

甚至,张先生还给女儿做参谋,给她传授关于男孩心理的经验。目的就是创造一种氛围,让女儿了解,这个话题是可以交流的,没有障碍。"我决不会强迫,只会劝告。因为任何真正的自律行为都必须内化,只有内化才能让她自动形成界限。也只有当她把父亲定位为一个可以信赖的角色时,才会听从你的意见。"

这位先生的观点是,人生本来就是一个探索的过程,不能说在其他方面你都鼓励孩子探索尝试,经受挫折、承受失败,唯独在性上不行,这是不能成立的。但是要告诉他保住底线,不能发生性行为,直到他真正能为自己负责的时候。

这位先生的做法是大胆而新颖的,也很值得肯定。对于处在青春敏感期的孩子来说,这样的方式可能更能为他们所接受。家长们,您觉得呢？

家长应该为孩子树立什么样的榜样?

我们经常讲,"龙生龙凤生凤,老鼠儿子会打洞",说的就是孩子是父母的影子。"从小看大,三岁看老",说的也是此理。我们做家长的自己的一言一行会直接影响孩子,对孩子的成长起着潜移默化的作用。

父母穿衣皱巴巴的,孩子注定也不会讲究;吃饭时残羹剩菜乱扔,孩子也会照样子去做。父母早晨起来,铺床叠被吗?不要以为晚上睡觉还是要弄乱的,就马马虎虎、随随便便,忽视了乱七八糟的床铺,要知道孩子会模仿、会复制的,他的床铺一定不会整齐。家长的书桌、床头柜上,甚至是厨房、卫生间里凌乱不堪,也别想孩子的书房和书包里会是整整齐齐。

一个对时间不严谨的人,最直接的学生就是孩子,我们做家长的经常为孩子上学迟到早退而苦恼,找不到解决的办法。其实这样的家长最需要做的就是校正自己的时间表。自己上下班准点,与人约会准时,出门办事从不迟到,在安排时间时,不用"大约""左右""差不多"这些词语,而是几时几分,从不轻易改变,这些都会让孩子受到教育。

家长对孩子影响最大的就是行为习惯。一个好撒谎的家长,孩子也不会诚实到哪里去。一位家长在家里明明是在打麻将,同事打来电话问他在干什么,他当着孩子的面,竟然说自己是在加班。可以想象,这样的家长会对孩子带来什么副作用。

一个爱学习的家长,会给孩子树立爱学习的榜样。晚上夫妻俩一个在读书,一个在批改作业,孩子也会找来书本做作业或者是读书。家长经常打麻将、玩牌,孩子也一定能学会。不是说为了做榜样,家长就得不看电视、不玩牌,一些不是从事教育文化职业的人,也得每天在孩子面前拿起书本,而是要请家长注意到自己的每一点,哪怕是细微的一点,家长都要考虑到。

夫妻俩吵架是很难避免的,但是一般是不可以当着孩子的面争吵的,这不仅仅会让孩子感到无助产生恐惧心理,还会对孩子的未来造成影响,甚至会复制到孩子将来的小家庭。

孝顺父母的话题也是家长们经常谈起的。有些家长怪孩子不懂事,不知道感恩,不会孝敬自己。其实这也与家长有着直接的关系。家长知道不知道出门时和自己的父母打声招呼?有父母在身边能否做到能搀着尽量搀着?吃饭时是否觉得给父母夹菜是一种多余?孩子在外地读书回来了,是否想到让孩子首先去探望一下父母?否则将来孩子长大了有了自己的孩子,他会想到要让他的孩子来看你吗?

做最好的自己,给孩子做榜样。因为家长是孩子一生中最好的老师。